MARIA VIRGINIA FRAGUIO

económ...

Si está interesado en recibir información sobre
nuestras publicaciones, envíe su tarjeta de visita a:

**Ediciones Gestión 2000, S.A.
Departamento de promoción
Comte Borrell, 241
08029 Barcelona
Tel. (93) 410 67 67**

Y la recibirá sin compromiso alguno por su parte.

Oriol Amat

Análisis
económico-financiero

 EDICIONES GESTIÓN 2000, S.A.

Quedan rigurosamente prohibidas, sin la autorización escrita de los titulares del «Copyright», bajo las sanciones establecidas en las leyes, la reproducción total o parcial de esta obra por cualquier medio o procedimiento, comprendidos la reprografía y el tratamiento informático y la distribución de ejemplares de ella mediante alquiler o préstamo públicos.

© **Ediciones Gestión 2000, S. A.**
© Oriol Amat Salas
Treceava edición: marzo de 1995
Depósito legal: B. 12.608 - 1995
ISBN: 84-86703-44-1
Impreso en España por Romanyà/Valls, S. A.
Verdaguer 1, Capellades (Barcelona)

1
Introducción al análisis económico-financiero

1.1. Los problemas de las empresas y sus causas

Normalmente, se justifican las crisis de las empresas con causas relativas a la evolución general de la economía ante la que poco se puede hacer. Es decir, se parte de la base de que las causas son externas a la empresa:

— Escasa demanda.
— Competencia exterior.
— Impuestos elevados.
— Insolvencia de los clientes.
— Inflación.
— ...

Sin duda alguna, la negativa evolución de los aspectos externos condiciona la marcha de cualquier empresa. No obstante, se ha de reconocer que también se ha de tener en cuenta la importancia de los problemas internos que pueden ser solucionados por la propia empresa. Es decir, no todos los males vienen de fuera. La estadística siguiente pretende demostrar esta última afirmación:

Causas de las suspensiones de pagos y quiebras	
Causa	% sobre el total
Fraude	1,5
Negligencia	2
Incompetencia	93,1 ←
Otras	3,4
	100

1. Fuente: THE FAILURE RECORD, (New York: Dun & Bradstreet, Inc. 1973).

A partir de los datos de la tabla anterior, se puede deducir que las empresas suspenden pagos o quiebran a causa de la incompetencia de sus dirigentes. La misma fuente (1) al intentar explicar qué se entiende por incompetencia de los dirigentes, la relaciona con el diagnóstico empresarial.
Así, la falta de un diagnóstico empresarial correcto es indicativo de incompetencia.

1.2. Análisis y diagnóstico empresarial

El diagnóstico de la empresa es la consecuencia del análisis de todos los datos relevantes de la misma e informa de sus puntos fuertes y débiles. Para que el diagnóstico sea útil, se han de dar las siguientes circunstancias:

— Se ha de basar en el análisis de todos los datos relevantes,
— se ha de hacer a tiempo,
— ha de ser correcto,
— ha de ir inmediatamente acompañado de medidas correctivas adecuadas para solucionar los puntos débiles y aprovechar los puntos fuertes.

Cuando no se dan todas las circunstancias anteriores, se está ante una situación de incompetencia.

Así, se pueden producir las siguientes manifestaciones de la incompetencia:

— Existe incompetencia porque no se diagnostica. Esto se da cuando la dirección de la empresa no analiza la situación y evolución de esta para detectar problemas que requieren medidas correctivas antes de que sea demasiado tarde.

— Hay directivos que diagnostican pero lo hacen incorrectamente por falta de datos o por otras causas.

— Otros directivos diagnostican correctamente pero el diagnóstico es hecho tarde cuando ya no hay nada que hacer.

— Por último, hay directivos que diagnostican correctamente y a tiempo. No obstante, las medidas correctivas llegan tarde o son inadecuadas.

El diagnóstico día a día de la empresa es una herramienta clave, aunque no la única, para la gestión correcta de la empresa.

El diagnóstico ha de ser elaborado con la máxima periodicidad a fin de que los directivos conozcan en cada momento el estado en que se encuentra la empresa. Para que el diagnóstico sea completo se han de analizar como mínimo las áreas siguientes:

— Organización.
— Económico-financiera.
— Comercial.
— Industrial.
— Factor Humano.

En el área de *Organización* se han de estudiar los objetivos de la empresa, la estructura jurídica, el estilo de dirección, la planificación y control, etc.

El área *Económico-financiera* requiere el análisis de la situación financiera y los resultados económicos (Balances de Situación, Cuentas de Resultados, Presupuesto de Tesorería). Este es el análisis económico-financiero, más conocido como análisis de balances, objeto del presente libro.

En el área *Comercial* se ha de investigar la evolución del mercado y de la competencia así como la efectividad del Plan de Marketing de la empresa (precio, producto, publicidad, distribución).

Desde el punto de vista *Industrial,* se ha de analizar la tecnología, capacidad productiva, productividad, proceso de fabricación, etc.

Finalmente, también se ha de analizar la situación del *Factor Humano* (clima laboral, motivación, etc).

Obsérvese que el análisis económico-financiero es una parte del análisis a efectuar en toda empresa.

AREA	ASPECTOS CLAVE
Organización	Objetivos de empresa Estructura jurídica Estilo de dirección Planificación ...

Económico-Financiera	Situación Financiera Resultados Económicos Crecimiento ...
Comercial	Mercado Competencia Precio Producto Publicidad Distribución Servicio post-venta Imagen de empresa ...
Industrial	Tecnología Investigación Capacidad productiva Productividad Proceso de fabricación ...
Factor Humano	Clima laboral Motivación ...

El análisis continuo de las áreas anteriores puede permitir conocer el estado en que se encuentra la empresa y su posible evolución. Así, será factible tomar las medidas que garantizarán un futuro viable para la empresa.

1.3. Datos complementarios al análisis económico-financiero

Además de los estados financieros mencionados en el punto anterior, el análisis económico-financiero requiere complementarse con el estudio de los datos siguientes, que en muchas ocasiones permiten detectar puntos fuertes o débiles de difícil percepción a través de dichos estados:

— *Informaciones de tipo general:*

La empresa se ve afectada por la marcha general de la economía. Por este motivo, conviene analizar datos sobre la coyuntura económica como pueden ser los informes elaborados por la O.C.D.E., el Instituto Nacional de Estadística, Informes de los Servicios de Estudio de Bancos, CEE, etc.

— *Informaciones sectoriales:*

Asimismo, la empresa estará muy influída por la evolución del sector en que opera. En este sentido, se han de estudiar los datos que sobre el sector emitan los Gremios, Cámaras de Comercio, Bancos, Informes comerciales, Instituto Nacional de Estadística, CEE, etc.

— *Informaciones de la empresa:*

De la propia empresa no sólo hay que analizar los estados financieros. Así, también conviene conocer los datos siguientes:

- *Datos legales:*
  - Año de fundación.
  - Marco legal.
  - Propietarios.
  - Capital Social.
  - Relaciones de participación con otras empresas.
  - Percances y litigios.
  - Existencia o no de anotaciones en el RAI (Registro de Aceptaciones Impagadas).

- *Otros datos:*
  - Objetivos de empresa.
  - Evolución histórica de la empresa.
  - Política comercial (precio, producto, promoción, publicidad, distribución).
  - Competencia.
  - Política de investigación y desarrollo. Tecnología.
  - Equipo humano. Política en materia laboral.
  - Perspectivas económicas.
  - Bancos, clientes y proveedores con que operan.
  - Informes bancarios y comerciales.
  - Porcentaje impagados.
  - Seguros concertados.

Todos estos datos adicionales se han de tener en cuenta ya que pueden afectar a la situación económico-financiera de la empresa.

2
Estados financieros

Antes de iniciar el estudio de las técnicas del Análisis económico-financiero, se procederá a revisar los conceptos básicos relativos a los estados financieros principales: Balance de Situación, Cuenta de Resultados y Presupuesto de Tesorería.

2.1. Balance de Situación

2.1.1. Concepto

El Balance de Situación es un estado contable que refleja la situación patrimonial de la empresa. Dicha situación se compone de los bienes, derechos, de las deudas y capital que tiene la empresa en un momento dado. Los bienes y derechos integran el Activo del Balance de Situación. El capital y las deudas forman el Pasivo de dicho Balance:

Balance de Situación	
Activo	*Pasivo*
Bienes (lo que la empresa tiene).	Deudas (lo que la empresa debe).
Derechos (lo que a la empresa le deben).	Capital (aportaciones de los propietarios).

Desde otro punto de vista, el Activo refleja las inversiones que ha efectuado la empresa; y el Pasivo de dónde han salido los fondos que han financiado dichas inversiones:

Balance de Situación

Activo	Pasivo
¿En qué ha invertido la empresa?	¿De dónde se ha obtenido la financiación?

Seguidamente, se detalla un ejemplo de Balance de Situación:

Balance de Situación a 31 de Diciembre

Activo		Pasivo	
Caja	200	Capital Social	4000
Bancos	400	Proveedores	2000
Clientes	1000	Acreedores	500
Maquinaria	1400	Reservas	500
Terrenos	3000	Préstamos Bancarios	1000
Existencias	2000		
Total Activo	8000	Total Pasivo	8000

En el ejemplo anterior se pueden apreciar las principales características del Balance de Situación:

— Siempre está referido a una fecha determinada.
— Se expresa en unidades monetarias.
— El total del activo siempre es igual al total del pasivo.

2.1.2. Ordenación del Balance de Situación

Según el Plan General de Contabilidad, el Balance de Situación puede presentarse según el modelo normal, si se trata de grandes empresas, o el modelo abreviado, si se trata de pymes. No obstante, de cara al análisis es conveniente reagrupar las cuentas tal y como se expone en la página 17.

BALANCE
EJERCICIO ......

Nº DE CUENTAS	ACTIVO	EJERCICIO N	EJERCICIO N-1
190,191,192, 193,194, 195, 196	A) Accionistas (socios) por desembolsos no exigidos		
	B) Inmovilizado		
20	I. Gastos de establecimiento		
	II. Inmovilizaciones inmateriales		
210	1. Gastos de investigación y desarrollo		
211, 212	2. Concesiones, patentes, licencias, marcas y similares		
213	3. Fondo de comercio		
214	4. Derechos de traspaso		
215	5. Aplicaciones informáticas		
219	6. Anticipos		
(291)	7. Provisiones		
(281)	8. Amortizaciones		
	III. Inmovilizaciones materiales		
220, 221	1. Terrenos y construcciones		
222, 223	2. Instalaciones técnicas y maquinaria		
224, 225, 226	3. Otras instalaciones, utillaje y mobiliario		
23	4. Anticipos e inmovilizaciones materiales en curso		
227, 228, 229	5. Otro inmovilizado		
(292)	6. Provisiones		
(282)	7. Amortizaciones		
	IV. Inmovilizaciones financieras		
240	1. Participaciones en empresas del grupo		
242, 244, 246	2. Créditos a empresas del grupo		
241	3. Participaciones en empresas asociadas		
243, 245, 247	4. Créditos a empresas asociadas		
250, 251, 256	5. Cartera de valores a largo plazo		
252, 253, 254, 257, 258	6. Otros créditos		
260,265	7. Depósitos y fianzas constituidos a largo plazo		
(293), (294), (295), (296) (297), (298)	8. Provisiones		
198	V. Acciones propias		
27	C) Gastos a distribuir en varios ejercicios		
	D) Activo circulante		
558	I. Accionistas por desembolsos exigidos		
	II. Existencias		
30	1. Comerciales		
31, 32	2. Materias Primas y otros aprovisionamientos		
33, 34	3. Productos en curso y semiterminados		
35	4. Productos terminados		
36	5. Subproductos, residuos y materiales recuperados		
407	6. Anticipos		
(39)	7. Provisiones		

Nº DE CUENTAS	ACTIVO	EJERCICIO N	EJERCICIO N-1
	III. Deudores		
430, 431, 435, (436)	1. Clientes por ventas y prestaciones de servicios		
432, 551	2. Empresas del grupo, deudores		
433, 552	3. Empresas asociadas, deudores		
44, 553	4. Deudores varios		
460, 544	5. Personal		
470, 471, 472, 474	6. Administraciones Públicas		
(490), (493), (494)	7. Provisiones		
	IV. Inversiones financieras temporales		
530, (538)	1. Participaciones en empresas del grupo		
532, 534, 536	2. Créditos a empresas del grupo		
531, (539)	3. Participaciones en empresas asociadas		
533, 535, 537	4. Créditos a empresas asociadas		
540, 541, 546, (549)	5. Cartera de valores a corto plazo		
542, 543, 545, 547, 548	6. Otros créditos		
565, 566	7. Depósitos y fianzas constituidos a corto plazo		
(593), (594), (595), (596)	8. Provisiones		
(597), (598)			
---	V. Acciones propias a corto plazo		
57	VI. Tesorería		
480, 580	VII. Ajustes por periodificación		
	TOTAL GENERAL (A + B + C + D)		

Nº DE CUENTAS	PASIVO	EJERCICIO N	EJERCICIO N-1
	A) Fondos propios		
10	I. Capital suscrito		
110	II. Prima de emisión		
111	III. Reserva de revalorización		
	IV. Reservas		
112	1. Reserva legal		
115	2. Reservas para acciones propias		
114	3. Reservas para acciones de la sociedad dominante		
116	4. Reservas estatutarias		
113, 117, 118	5. Otras reservas		
	V. Resultados de ejercicios anteriores		
120	1. Remanente		
(121)	2. Resultados negativos de ejercicios anteriores		
122	3. Aportaciones de socios para compensación de pérdidas		
129	VI. Pérdidas y ganancias (Beneficio o pérdida)		
(557)	VII. Dividendo a cuenta entregado en el ejercicio		
	B) Ingresos a distribuir en varios ejercicios		
130, 131	1. Subvenciones de capital		
136	2. Diferencias positivas de cambio		
135	3. Otros ingresos a distribuir en varios ejercicios		
	C) Provisiones para riesgos y gastos.		
140	1. Provisiones para pensiones y obligaciones similares		
141	2. Provisiones para impuestos		
142, 143	3. Otras provisiones		
144	4. Fondo de reversión		
	D) Acreedores a largo plazo.		
	I. Emisiones de obligaciones y otros valores negociables		
150	1. Obligaciones no convertibles		
151	2. Obligaciones convertibles		
155	3. Otras deudas representadas en valores negociables		
170	II. Deudas con entidades de crédito		
	III. Deudas con empresas del grupo y asociadas		
160, 162, 164	1. Deudas con empresas del grupo		
161, 163, 165	2. Deudas con empresas asociadas		
	IV. Otros acreedores		
174	1. Deudas representadas por efectos a pagar		
171, 172, 173	2. Otras deudas		
180, 185	3. Fianzas y depósitos recibidos a largo plazo		
	V. Desembolsos pendientes sobre acciones no exigidos		
248	1. De empresas del grupo		
249	2. De empresas asociadas		
259	3. De otras empresas		

Nº DE CUENTAS	PASIVO	EJERCICIO N	EJERCICIO N-1
	E) Acreedores a corto plazo.		
	I. Emisiones de obligaciones y otros valores negociables		
500	1. Obligaciones no convertibles		
501	2. Obligaciones convertibles		
505	3. Otras deudas representadas en valores negociables		
506	4. Intereses de obligaciones y otros valores		
	II. Deudas con entidades de crédito		
520	1. Préstamos y otras deudas		
526	2. Deuda por intereses		
	III. Deudas con empresas del grupo y asociadas a corto plazo		
402, 510, 512, 514, 516, 551	1. Deudas con empresas del grupo		
403, 511, 513, 515, 517, 552	2. Deudas con empresas asociadas		
	IV. Acreedores comerciales		
437	1. Anticipos recibidos por pedidos		
400, (406), 410, 419	2. Deudas por compras o prestaciones de servicios		
401, 411	3. Deudas representadas por efectos a pagar		
	V. Otras deudas no comerciales		
475, 476, 477, 479	1. Administraciones Públicas		
524	2. Deudas representadas por efectos a pagar		
509, 521, 523, 525, 527, 553, 555, 556	3. Otras deudas		
465	4. Remuneraciones pendientes de pago		
560, 561	5. Fianzas y depósitos recibidos a corto plazo		
499	VI. Provisiones para operaciones de tráfico		
485, 585	VII. Ajustes por periodificación		
	TOTAL GENERAL (A + B + C + D + E)		

BALANCE ABREVIADO
EJERCICIO ......

Nº DE CUENTAS	ACTIVO	EJERCICIO N	EJERCICIO N-1
190, 191, 192, 193, 194, 195, 196	A) Accionistas (socios) por desembolsos no exigidos		
	B) Inmovilizado		
20	I. Gastos de establecimiento		
21, (281), (291)	II. Inmovilizaciones inmateriales		
22, 23, (282), (292)	III. Inmovilizaciones materiales		
240, 241, 242, 243, 244, 245, 246, 247, 250, 251, 252, 253, 254, 256, 257, 258, 26, (293), (294), (295), (296), (297), (298)	IV. Inmovilizaciones financieras		
198	V. Acciones propias		
27	C) Gastos a distribuir en varios ejercicios		
	D) Activo circulante		
558	I. Accionistas por desembolsos exigidos		
30, 31, 32, 33, 34, 35, 36, (39), 407	II. Existencias		
430, 431, 432, 433, 435, (436), 44, 460, 470, 471, 472, 474, (490), (493), (494), 544, 551, 552, 553	III. Deudores		
53, 540, 541, 542, 543, 545, 546, 547, 548, (549), 565, 566, (59)	IV. Inversiones financieras temporales		
57	V. Tesorería		
480, 580	VI. Ajustes por periodificación		
	TOTAL GENERAL (A + B + C + D)		

Nº DE CUENTAS	PASIVO	EJERCICIO N	EJERCICIO N-1
	A) Fondos propios		
10	I. Capital suscrito.		
110	II. Prima de emisión		
111	III. Reserva de revalorización		
112, 113, 114, 115, 116, 117, 118	IV. Reservas		
120, (121), 122	V. Resultados de ejercicios anteriores		
129	VI. Pérdidas y ganancias (Beneficio o pérdida)		
(557)	VII. Dividendo a cuenta entregado en el ejercicio		
13	B) Ingresos a distribuir en varios ejercicios		
14	C) Provisiones para riesgos y gastos.		
15, 16, 17, 18, 248, 249, 259	D) Acreedores a largo plazo.		
400, 401, 402, 403, (406), 41, 437, 465, 475, 476, 477, 479, 485, 499, 50, 51, 52, 551, 552, 553, 555, 556, 560, 561, 585	E) Acreedores a corto plazo		
	TOTAL GENERAL (A + B + C + D + E)		

Balance de Situación

Activo		Pasivo	
DE MENOR A MAYOR LIQUIDEZ	Fijo Circulante	DE MENOR A MAYOR EXIGIBILIDAD	No exigible o capitales propios Exigible a largo plazo Exigible a corto plazo

En el *Activo*, normalmente, se ordenan todos los elementos de menor a mayor *liquidez*. La liquidez es la mayor o menor facilidad que tiene un bien para convertirse en dinero. El dinero en caja es lo más líquido que hay.

Seguidamente, se definen los principales grupos patrimoniales:

Activo Fijo o Inmovilizado: Aquellos activos que han de permanecer en la empresa mas de doce meses. Ejemplo: Inmovilizado Material (terrenos, edificios, ...), Inmovilizado Inmaterial (patentes, marcas, fondo de comercio, ...), Inmovilizado Financiero (inversiones en otras empresas, ...), y Gastos Amortizables (gastos de constitución, ...).

Activo Circulante: Aquellos activos que han de permanecer en la empresa menos de doce meses. Se divide en existencias, realizable y disponible.

Existencias: Constituidas por las mercaderías, productos terminados, productos semi-terminados, subproductos, residuos, productos en curso, materias primas, materias auxiliares, materiales para consumo, materiales para reposición, embalajes y envases.

Realizable: Todos los bienes y derechos a corto plazo que no forman parte ni de las existencias ni del disponible. Ej.: clientes, deudores, efectos a cobrar, anticipos al personal, anticipos a proveedores, etc. Si se sigue el Balance de Situación del Plan General de Contabilidad se incluirán en el Realizable: Deudores, Cuentas Financieras (excepto Caja y Bancos), Situaciones Transitorias de financiación y Ajustes por periodificación del Activo.

Disponible: Caja y cuentas corrientes bancarias.

También se pueden distinguir dentro de los grupos anteriores las cuentas de Activo Funcional (bienes necesarios para el desarrollo de la explotación) de las de Activo Extrafuncional (no directamente necesarios para la explotación). Por ejemplo la maquinaria y el utillaje pertenecen al Activo Funcional. Las viviendas que algunas empresas destinan al personal corresponden al Activo Extrafuncional.

En el Pasivo, los elementos se ordenan de menor a mayor *exigibilidad*. Hay otros países, como Estados Unidos por ejemplo, en que se siguen los mismos criterios de ordenación pero al revés. Un elemento será más exigible cuanto menor sea el plazo en que vence. El capital es uno de los pasivos menos exigibles. Las deudas con los proveedores con próximo vencimiento son exigibles normalmente a corto plazo.

Capitales Propios: (también denominado Recursos Propios, No Exigible o Patrimonio Neto). Es la diferencia entre el Activo y todas las deudas de la empresa. Incluye el Capital, Reservas, Subvenciones, el resultado del ejercicio y el de años anteriores. En definitiva, en los Capitales Propios se incluyen aquellos elementos del Pasivo que no son deudas.

Exigible a largo plazo: Deudas con vencimiento a partir de 1 año.

Recursos Permanentes: Es la suma de los Capitales Propios y el Exigible a largo plazo.

Exigible a corto plazo: Deudas con vencimiento inferior a 1 año.

Estos plazos que son válidos en general, pueden variar según el sector al que pertenezca la empresa. Para una constructora de edificios, el corto plazo, podrá ser hasta 2 años. Para una empresa concesionaria de autopistas el corto plazo podrían ser 5 años.

En el esquema siguiente se resumen los grupos patrimoniales anteriores:

	Activo	Pasivo	
Fijo	{ Funcional Extrafuncional	No exigible	} Recursos Permanentes
Circulante	{ Existencias Realizable { Funcional Extrafuncional Disponible	Exigible { a largo plazo a corto plazo	

2.1.3. Normas de valoración (*)

La correcta valoración de los activos y pasivos es requisito indispensable para que la información contenida en el Balance sea fiable.

En principio, los activos se han de valorar a valor de coste o de mercado, el que sea más bajo. El valor de coste es el de adquisición y el valor de mercado es el precio medio que el mercado ofrece por dicho bien. Por tanto, los activos se han de valorar siempre según su valor de adquisición, a menos que su valor de mercado sea más bajo que aquel. En este último caso, se utilizará el valor de mercado.

A partir de esta idea general, a continuación se concretan más las normas de valoración.

— *Inmovilizado Material:* Los activos incluidos en dicho grupo se han de valorar al valor de adquisición, deduciendo las amortizaciones practicadas.

Así, las amortizaciones acumuladas aparecerán en el Activo minorando el Inmovilizado Material.

En el valor de adquisición, además del importe de la factura del vendedor se incluyen todos los gastos adicionales que se produzcan hasta su puesta en funcionamiento: transporte, aduanas, instalación, montaje, etc. A los gastos anteriores se pueden añadir los gastos de financiación del activo en cuestión, siempre que tales gastos se produzcan antes de la puesta en funcionamiento del bien.

* Véase: «Comprender el Nuevo Plan General de Contabilidad», Ediciones Gestión 2000, Barcelona, 1990.

— *Inmovilizado Inmaterial:* Las amortizaciones de este tipo de activos también aparecerán en el Activo minorando el Inmovilizado Inmaterial.

El Fondo de Comercio y los Derechos de Traspaso sólo han de valorarse cuando se hayan adquirido realmente, pagándolos o asumiendo el compromiso de pago.

— *Existencias:* Se valoran a coste de adquisición o mercado, el más bajo de los dos. Cuando para un mismo material existan diferentes precios de compra, deberá aplicarse alguno de los métodos de valoración admitidos: FIFO, PROMEDIO, etc.

— *Valores mobiliarios, participaciones:* Se valorarán al valor de adquisición. Cuando sean títulos admitidos a cotización oficial en Bolsa, figurarán en el Balance a un valor que será el inferior de los dos siguientes: la cotización oficial media en el último trimestre o cotización del día de cierre del Balance, o en su defecto la del inmediato anterior.

Para títulos no admitidos a cotización oficial, se valorarán con criterios racionales y prudentes, pero nunca por encima de su precio de adquisición.

— *Clientes, efectos a cobrar, deudores:* Figurarán en el Balance por su valor nominal. Sin embargo, se deducirán las Provisiones por Insolvencias que se hayan ido dotando para cubrir los saldos de clientes de dudoso cobro. Así, al igual que las amortizaciones acumuladas, las provisiones por insolvencias aparecerán en el activo minorando a las cuentas correspondientes.

— *Tesorería en Moneda Extranjera:* Se valorará al tipo de cambio vigente del día de cierre del Balance.

— *Pérdidas de ejercicios anteriores y del ejercicio último:* Estas pérdidas se pondrán en el Pasivo minorando los Capitales Propios para que éstos reflejen su valor real.

En definitiva, las amortizaciones acumuladas, las provisiones efectuadas y las pérdidas se pondrán en el Balance restando al Inmovilizado, Clientes y Capitales Propios, respectivamente.

Si la empresa se hubiera acogido a leyes de regularización o de actualización de activos, a los valores de adquisición se les sumará o restará las sucesivas regularizaciones y actualizaciones practicadas.

Balance

Activo	Pasivo
Inmovilizado Material	*Capitales propios*
−Amortización Acumulada del Inmovilizado Material.	Capital Reservas − Pérdidas de ejercicios anteriores − Pérdidas del ejercicio.
Inmovilizado Inmaterial	
−Amortización Acumulada del Inmovilizado Inmaterial.	
Clientes	
−Provisión Insolvencias.	

2.2. La cuenta de Pérdidas y Ganancias

2.2.1. Tipos de Cuentas de Pérdidas y Ganancias

La marcha de la empresa supone la percepción de unos *ingresos* y la realización de unos *gastos* de cuya diferencia surge el *resultado* del período:

RESULTADO = INGRESOS — GASTOS

El resultado de la gestión de la empresa es la consecuencia de 2 tipos de actividades:

— Las actividades ordinarias de la empresa, las que le son propias que generan el *Resultado de Explotación* y el Resultado financiero.

— Las actividades extraordinarias de la empresa, es decir, las que sólo se realizan de forma ocasional que generan el *Resultado Extraordinario*.

Según el Plan General de Contabilidad de 1990, la Cuenta de Pérdidas y Ganancias puede presentarse en formato normal (grandes empresas) o abreviado (pymes) tal y como se puede comprobar a continuación:

CUENTA DE PÉRDIDAS Y GANANCIAS
EJERCICIO ....

Nº CUENTAS	DEBE	EJERCICIO N	EJERCICIO N-1	Nº CUENTAS	HABER	EJERCICIO N	EJERCICIO N-1
	A) GASTOS				B) INGRESOS		
71	1. Reducción de existencias de productos terminados y en curso de fabricación			700, 701, 702, 703, 704	1. Importe neto de la cifra de negocios a) Ventas		
	2. Aprovisionamientos:			705	b) Prestaciones de servicios		
600, (6080), (6090), 610*	a) Consumo de mercaderías			(708), (709)	c) Devoluciones y "rappels" sobre ventas		
601, 602, (6081), (6082), (6091), (6092), 611*	b) Consumo de materias primas y otras materias consumibles			71	2. Aumento de existencias de productos terminados y en curso de fabricación		
612*	c) Otros gastos externos			73	3. Trabajos efectuados por la empresa para el inmovilizado		
607					4. Otros ingresos de explotación		
	3. Gastos de personal			75	a) Ingresos accesorios y otros de gestión corriente		
640, 641	a) Sueldos, salarios y asimilados			74	b) Subvenciones		
642, 643, 649	b) Cargas sociales			790	c) Exceso de provisiones de riesgos y gastos		
68	4. Dotaciones para amortizaciones de inmovilizado						
	5. Variación de las provisiones de tráfico						
693, (793)	a) Variación de provisiones de existencias						
650, 694, (794)	b) Variación de provisiones y pérdidas de créditos incobrables						
695, (795)	c) Variación de otras provisiones de tráfico						
	6. Otros gastos de explotación						
62	a) Servicios exteriores						
631, 634, (636), (639)	b) Tributos						
651, 659	c) Otros gastos de gestión corriente						
690	d) Dotación al fondo de reversión						
	I. BENEFICIOS DE EXPLOTACIÓN (B1 + B2 + B3 + B4-A1-A2-A3-A4-A5-A6)				**I. PÉRDIDAS DE EXPLOTACIÓN** (A1 + A2 + A3 + A4 + A5 + A6-B1-B2-B3-B4)		

* con signo positivo o negativo según su saldo.

Nº CUENTAS	DEBE	EJERCICIO N	EJERCICIO N-1	Nº CUENTAS	HABER	EJERCICIO N	EJERCICIO N-1
6610, 6615, 6620, 6630, 6640, 6650	7. Gastos financieros y gastos asimilados a) Por deudas con empresas del grupo			7600	5. Ingresos de participaciones en capital a) En empresas del grupo		
6611, 6616, 6621, 6631, 6641, 6651	b) Por deudas con empresas asociadas			7601	b) En empresas asociadas		
6613, 6618, 6622, 6623, 6632, 6633, 6643, 6653, 669	c) Por deudas con terceros y gastos asimilados			7603	c) En empresas fuera del grupo 6. Ingresos de otros valores negociables y de créditos del activo inmovilizado		
666, 667	d) Pérdidas de inversiones financieras			7610, 7620	a) De empresas del grupo		
(963, 6965, 6966, 697, 698, 699, (7963), (7965), (7966), (797), (798), (799)	8. Variación de las provisiones de inversiones financieras			7611, 7621	b) De empresas asociadas		
				7613, 7623	c) De empresas fuera del grupo 7. Otros intereses e ingresos asimilados		
				7630, 7650	a) De empresas del grupo		
				7631, 7651	b) De empresas asociadas		
				7633, 7653, 769	c) Otros intereses		
668	9. Diferencias negativas de cambio			766	d) Beneficios en inversiones financieras		
				768	8. Diferencias positivas de cambio		
	II. RESULTADOS FINANCIEROS POSITIVOS (B5 + B6 + B7 + B8-A7-A9)				**II. RESULTADOS FINANCIEROS NEGATIVOS** (A7 + A8 + A9-B5-B6-B7-B8)		
	III. BENEFICIOS DE LAS ACTIVIDADES ORDINARIAS (AI + AII-BII)				**III. PÉRDIDAS DE LAS ACTIVIDADES ORDINARIAS** (BI + BII-AI-AII)		
691, 692, 6960, (961,(791), (792), (7960), (7961)	10. Variación de las provisiones del inmovilizado inmaterial, material y cartera de control			770, 771, 772, 773	9. Beneficios en enajenación de inmovilizado inmaterial, material y cartera de control		
670, 671, 672, 673	11. Pérdidas procedentes del inmovilizado inmaterial, material y cartera de control			774	10. Beneficios por operaciones con acciones y obligaciones propias		
674	12. Pérdidas por operaciones con acciones y obligaciones propias			775	11. Subvenciones de capital transferidas al resultado del ejercicio		
678	13. Gastos extraordinarios			778	12. Ingresos extraordinarios		
679	14. Gastos y pérdidas de otros ejercicios			779	13. Ingresos y beneficios de otros ejercicios		
	IV. RESULTADOS EXTRAORDINARIOS POSITIVOS (B9 + B10 + B11 + B12 + B13-A10-A11-A12-A13-A14)				**IV. RESULTADOS EXTRAORDINARIOS NEGATIVOS** (A10 + A11 + A12 + A13 + A14-B9-B10-B11-B12-B13)		
	V. BENEFICIOS ANTES DE IMPUESTOS (AIII + AIV-BIII-BIV)				**V. PÉRDIDAS ANTES DE IMPUESTOS** (BIII + BIV-AIII-AIV)		
630*, 633, (638)	15. Impuesto sobre Sociedades						
—	16. Otros impuestos						
	VI. RESULTADO DEL EJERCICIO (BENEFICIOS) (AV-A15-A16)				**VI. RESULTADO DEL EJERCICIO (PÉRDIDAS)** (BV + A15 + A16)		

* Esta cuenta puede tener saldo acreedor y, por tanto, la partida A 15 puede tener signo negativo.

CUENTA DE PÉRDIDAS Y GANANCIAS ABREVIADA
EJERCICIO ....

Nº CUENTAS	DEBE	EJERCICIO N	EJERCICIO N-1	Nº CUENTAS	HABER	EJERCICIO N	EJERCICIO N-1
	A) GASTOS				B) INGRESOS		
60, 61*, 71*	1 Consumos de explotación				1 Ingresos de explotación		
	2 Gastos de personal			70	a) Importe neto de la cifra de negocios.		
640, 641	a) Sueldos, salarios y asimilados			73, 74, 75, 790	b) Otros ingresos de explotación		
642, 643, 649	b) Cargas sociales						
68	3 Dotaciones para amortizaciones de inmovilizado						
650, 693, 694, 695, (793), (794), (795)	4 Variación de las provisiones de tráfico y pérdidas de créditos incobrables						
62							
631, 634, (636), (639), 651, 659, 690	5 Otros gastos de explotación						
	I. BENEFICIOS DE EXPLOTACIÓN (B1-A1-A2-A3-A4-A5)				**I. PÉRDIDAS DE EXPLOTACIÓN** (A1+A2+A3+A4+A5-B1)		
	6 Gastos financieros y gastos asimilados				2 Ingresos financieros		
6610, 6615, 6620, 6630, 6640, 6650	a) Por deudas con empresas del grupo			7600, 7610, 7620, 7630, 7650	a) En empresas del grupo		
6611, 6616, 6621, 6631, 6641, 6651	b) Por deudas con empresas asociadas			7601, 7611, 7621, 7631, 7651	b) En empresas asociadas		
6613, 6618, 6622, 6623, 6633	c) Por otras deudas.			7603, 7613, 7623, 7633, 7653, 7769	c) Otros		
6643, 6653, 669	d) Pérdidas de inversiones financieras			766	d) Beneficios en inversiones financieras		
666, 667				768	3 Diferencias positivas de cambio		
6963, 6965, 6966, 697, 698, 699, (7963), (7965), (7966), (797), (798), (799)	7. Variación de las provisiones de inversiones financieras						
668	8. Diferencias negativas de cambio						
	II. RESULTADOS FINANCIEROS POSITIVOS (B2+B3-A6-A7-A8)				**II. RESULTADOS FINANCIEROS NEGATIVOS** (A6+A7+A8-B2-B3)		

*con signo positivo o negativo según su saldo.

Nº CUENTAS	DEBE	EJERCICIO N	EJERCICIO N-1	Nº CUENTAS	HABER	EJERCICIO N	EJERCICIO N-1
	III. BENEFICIOS DE LAS ACTIVIDADES ORDINARIAS (AI + AII-BI-BII)				III. PÉRDIDAS DE LAS ACTIVIDADES ORDINARIAS (BI + BII-AI-AII)		
691, 692, 6960, 6961,(7791), (792), (7960), (7961)	9 Variación de las provisiones del inmovilizado inmaterial, material y cartera de control			770, 771, 772, 773	4 Beneficios en enajenación de inmovilizado inmaterial, material y cartera de control		
670, 671, 672, 673	10 Pérdidas procedentes del inmovilizado inmaterial, material y cartera de control			774	5 Beneficios por operaciones con acciones y obligaciones propias		
674	11 Pérdidas por operaciones con acciones y obligaciones propias			775	6 Subvenciones de capital transferidas al resultado del ejercicio		
678	12 Gastos extraordinarios			778	7 Ingresos extraordinarios		
679	13 Gastos y pérdidas de otros ejercicios			779	8 Ingresos y beneficios de otros ejercicios		
	IV. RESULTADOS EXTRAORDINARIOS POSITIVOS (B4 + B5 + B6 + B7 + B8-A9-A10-A11-A12-A13)				IV. RESULTADOS EXTRAORDINARIOS NEGATIVOS (A9 + A10 + A11 + A12 + A13-B4-B5-B6-B7-B8)		
	V. BENEFICIOS ANTES DE IMPUESTOS (AIII + AIV-BIII-BIV)				V. PÉRDIDAS ANTES DE IMPUESTOS (BIII + BIV-AIII-AIV)		
630*, 633, (638) ...	14 Impuesto sobre sociedades 15 Otros impuestos						
	VI. RESULTADO DEL EJERCICIO (BENEFICIOS) (AV-A14-A15)				VI. RESULTADO DEL EJERCICIO (PÉRDIDAS) (BV + A14 + A15)		

* Esta cuenta puede tener saldo acreedor y, por tanto, la partida A14 puede tener signo negativo

2.2.2. Ordenación de la Cuenta de Pérdidas y Ganancias para el análisis

Para analizar la Cuenta de Pérdidas y Ganancias, se dividen todos sus gastos e ingresos en los conceptos siguientes:

— *Ventas netas:* Incluye los ingresos por la actividad propia de la explotación de la empresa de la que se deducen los descuentos y bonificaciones en factura y los impuestos sobre dichas ventas.

— *Gastos proporcionales de fabricación:* Son todos los gastos de fabricación directamente imputables a las ventas, o sea la materia prima, la mano de obra directa de fábrica y los gastos directos de fabricación.

— *Gastos proporcionles de comercialización:* Son todos los gastos de comercialización directamente imputables a las ventas, o sea los portes de venta, comisiones, etc.

— *Amortizaciones:* Son las del período.

— *Gastos de estructura:* Son todos aquellos gastos provocados por la estructura de la empresa y no imputables a las ventas. A los gastos de estructura se les llama a menudo gastos fijos en contraposición a los gastos proporcionales que son variables en relación a las ventas. Los sueldos de los departamentos de Contabilidad, Personal, Gerencia son ejemplos de gastos de estructura.

— *Otros Ingresos y Gastos:* Son todos los ingresos y gastos de explotación que no se pueden incluir en ninguno de los grupos que se están estudiando en este punto. Por ejemplo: subvenciones de explotación, ingresos del economato de la empresa, etc.

— *Gastos Financieros:* Este grupo incluye todos los gastos e ingresos financieros de la empresa. Así, no sólo se han de agrupar los gastos bancarios sino también los intereses financieros, los descuentos por pronto pago a favor o en contra, el coste de los timbres de los efectos comerciales, etc.

— *Impuesto de Sociedades:* Es el impuesto sobre el beneficio del período.

A partir de los grupos anteriores, la Cuenta de Pérdidas y Ganancias se estructura así:

Ventas Netas — Gastos proporcionales de Fabricación — Gastos proporcionales de Comercialización
= Margen Bruto — Amortizaciones — Gastos de Estructura — Otros ingresos y gastos
= Beneficio antes de Impuestos e Intereses — Gastos Financieros
= Beneficio antes de Impuestos — Impuesto de Sociedades
= Beneficio Neto.

El Beneficio antes de Impuestos ha de coincidir con el resultado de la Cuenta de Pérdidas y Ganancias que se ha visto en el punto anterior (2.2.1.). En caso de que la empresa analizada tenga Resultados Extraordinarios se pueden integrar en el análisis de dos formas:

— o bien situándolos antes del Beneficio antes de Impuestos.

— o se añaden a los *Otros Ingresos y Gastos*.

De esta forma, ya se han preparado los resultados para el análisis, que se estudiará más adelante.

Este tipo de cuenta de Pérdidas y Ganancias es muy similar a la que las empresas pueden formular voluntariamente de acuerdo con el Nuevo Plan General de Contabilidad (ver página 26).

2.3. Presupuesto de Tesorería

2.3.1. Concepto

El Presupuesto de Tesorería o de Caja es un estado financiero provisional muy útil para el análisis financiero ya que permite estimar los déficits o superávits de tesorería que va a tener la empresa, y por tanto actuar en consecuencia. En su forma más simple, el Presupuesto de Tesorería de un período determinado se confecciona añadiendo al saldo ini-

Cuenta de pérdidas y ganancias analítica.

Nº CUENTAS	CONCEPTOS
70, 752, 753, 754, 755, 759, 790 71 73 74	Ventas Netas, Prestación de Servicios y otros ingresos de Explotación ± Variación de existencias de productos terminados y en curso de fabricación ± Trabajos efectuados por la empresa para su inmovilizado + Subvenciones a la explotación = VALOR DE LA PRODUCCIÓN
600, 601, 602, (608), (609) 61 607, 620,622,623,624,625,626, 627, 628,629,631,634,(636),(639),659 621, 651 751 64	− Compras netas ± Variación de Existencias mercaderías, materias primas y otras materias consumibles − Gastos externos y de explotación = VALOR AÑADIDO DE LA EMPRESA − Otros gastos + Otros ingresos − Gastos de Personal = RESULTADO BRUTO DE EXPLOTACIÓN
68 690 650,693,(793),694,(794),695,(795)	− Dotaciones para amortizaciones de inmovilizado − Dotaciones al fondo de reversión − Insolvencias de créditos y variación de las provisiones de tráfico = RESULTADO NETO DE EXPLOTACIÓN
76 66 6963, 6965, 6966 (7963), (7965), (7966),697,(797),698,(798),699,(799)	+ Ingresos financieros − Gastos financieros − Dotaciones para amortizaciones y provisiones financieras = RESULTADO DE LAS ACTIVIDADES ORDINARIAS
77 67 691, (791), 692, (792), 6960, 6961, (7960), (7961)	+ Beneficios procedentes del inmovilizado e ingresos excepcionales − Pérdidas procedentes del inmovilizado y gastos excepcionales − Variación de las provisiones de inmovilizado inmaterial, material y cartera de control = RESULTADO ANTES DE IMPUESTOS
630,633,(638)	± Impuestos sobre Sociedades = RESULTADO DESPUES DE IMPUESTOS (BENEF O PÉRD)

cial de Disponible los cobros previstos y restándole los pagos previstos del período considerado (semana, quincena, mes o año):

Presupuesto de Tesorería

  Saldo inicial de Disponible
+ Cobros previstos del período
— Pagos previstos del período

= Saldo final de Disponible

Hay empresas que al hacer su Presupuesto de Tesorería distinguen los cobros y pagos de Explotación de los que no son de Explotación.

Los de Explotación son aquellos movimientos de tesorería directamente relacionados con la actividad propia de la empresa (cobros de clientes, pagos a proveedores, pagos de gastos de la explotación, etc.). Es decir, son los cobros y pagos relacionados con la Cuenta de Explotación. Los movimientos de tesorería que no son de Explotación son todos los demás (cobros por préstamos, de dividendos o de actividades extraordinarias).

Presupuesto de Tesorería

Saldo inicial de Disponible	(0)
+ Cobros previstos de Explotación	(1)
— Pagos previstos de Explotación	(2)

= Variación de Tesorería de Explotación	(1) — (2)
+ Otros Cobros previstos	(3)
— Otros Pagos previstos	(4)

| = Variación de Tesorería (no de Explotación) | (3) — (4) |
| Saldo final de Disponible | (0) + (1) — (2) + (3) — (4) |

Este último presupuesto de Tesorería permite tener más datos para el Análisis ya que está más desglosado.

El período mínimo que abarca el Presupuesto de Tesorería para el Análisis Financiero suele ser el año, aunque ha de estar dividido por meses:

Presupuesto de Tesorería	
	Enero Feb. Mar. ... Nov. Dic. Total
Saldo inicial	
+ Cobros previstos	
— Pagos previstos	
= Saldo Final	

2.3.2. Flujo de Caja (Cash Flow)

El Presupuesto de Tesorería permite aproximarse al concepto de Flujo de Caja. El Flujo de Caja (Cash Flow, en inglés) es el dinero que genera la empresa a través de su actividad ordinaria (o de Explotación).

El Flujo de Caja puede calcularse de varias formas. Los dos métodos más utilizados son los siguientes:

— *Flujo de Caja (Financiero):* Se obtiene restando los pagos de Explotación a los cobros de Explotación. El saldo es el Flujo de Caja generado por la Explotación de la empresa.

Cobros de Explotación — Pagos de Explotación =
= Flujo de Caja Financiero

— *Flujo de Caja (Económico):* Se obtiene sumando al beneficio Neto (de Explotación) la amortización del período ya que es un gasto que no se paga. Lógicamente, el beneficio neto más las amortizaciones representarán el efectivo que ha generado la empresa en el período correspondiente.

Beneficio Neto de Explotación + Amortizaciones =
= Flujo de Caja Económico

Nótese que en la mayoría de los casos, ambos Flujos de Caja no coinciden ya que el primero se basa en cobros y pagos y el segundo en ingresos y gastos pagables. Más adelante se analizarán ambos Flujos de Caja.

La importancia del análisis del Flujo de Caja proviene del hecho de que éste mide la capacidad de generación de fondos que tiene la empresa a través de su actividad ordinaria. Por tanto, es una medida de las posibilidades de autofinanciación.

3
Análisis del Balance de Situación (I): Introducción

3.1. Objetivos del análisis del Balance de Situación

El análisis del Balance o del patrimonio de la empresa es el primer paso del análisis económico-financiero y permite evaluar los aspectos siguientes:

— *Situación de liquidez:* ¿Se podrán atender los pagos a corto y a medio plazo? La capacidad de pago se denomina también solvencia.

— *Endeudamiento:* ¿Es correcto el endeudamiento en cuanto a calidad y cantidad?

— *Independencia financiera:* ¿Tiene la empresa la suficiente independencia financiera de bancos y otros acreedores?

— *Garantía:* ¿Tiene las suficientes garantías patrimoniales frente a terceros?

— *Capitalización:* ¿Está la empresa suficientemente capitalizada?

— *Gestión de los activos:* ¿Es eficiente la gestión de los activos en que invierte la empresa?

— *Equilibrio financiero:* ¿Está el Balance suficientemente equilibrado desde un punto de vista financiero?

Normalmente, el análisis del Balance se hace a partir de

Balances de Situación históricos referentes a los dos o tres últimos años de la empresa. No obstante, también es muy útil analizar el Balance previsional relativo al final del próximo ejercicio. Así, se podrá analizar no sólo de dónde viene y cómo está hoy la empresa, sino también hacia dónde va ésta.

3.2. Aspectos previos

Antes de iniciar el análisis del Balance es preciso tener en cuenta los siguientes temas:

— *Fiabilidad de los datos del Balance:* Como paso preliminar al análisis del balance, se ha de comprobar que sus datos son fiables. En este sentido, la máxima fiabilidad la proporcionan los Balances auditados.

En caso de que los Balances no sean fiables, las conclusiones del análisis siempre serán erróneas.

— *Valores medios:* Cuando se tomen datos de los Balances se ha de procurar que éstos sean realmente significativos, y no solamente el reflejo de la situación en un momento poco representativo. Por ejemplo, puede ocurrir que los importes de ciertas cuentas (stocks, caja, bancos...) a final de año no sean útiles por tener valores poco normales. En este caso, se han de tomar los valores de varios momentos del año y hacer el promedio. De no hacerlo así, se podrían llegar a conclusiones erróneas.

— *Diferencias sectoriales:* A pesar de que en los capítulos próximos se va a hablar de datos ideales, en general, se ha de tener en cuenta que cada sector económico tiene unas características diferenciales que obligan a distinguir a cada empresa según el sector en que opere. Por tanto, todos los planteamientos ideales que se van a tratar a partir de aquí se han de cuestionar para cada empresa y se ha de comprobar si son válidos realmente. Más adelante, en el capítulo 8, se estudian las diferencias sectoriales.

— *Tamaño de empresa:* El mismo comentario que se acaba de hacer es aplicable al tamaño de la empresa. No es lo mismo una gran empresa que una pequeña empresa, independientemente de que pertenezcan al mismo sector.

— *Zona geográfica:* También la zona geográfica en que opere la empresa puede diferenciar a empresas del mismo sector y mismo tamaño. En definitiva, al analizar una empresa se ha de considerar su sector, su tamaño y la zona geográfica en que opera.

3.3. Cálculo de porcentajes

Cuando el Balance de Situación ya está debidamente ordenado y preparado para el análisis, se empieza por el cálculo de sus porcentajes. Para ello, se calcula el porcentaje que representa cada grupo patrimonial en relación al total del Activo.

A continuación, se detalla un Balance con sus porcentajes calculados:

Balance de Situación

	Activo			*Pasivo*	
	Mill. de ptas.	*%*		*Mill. de ptas.*	*%*
Fijo	45	58	No Exig.	22	29
Existencias	18	23	Exig.		
Realizable	8	11	largo plazo	10	13
Disponible	6	8	Exig. corto plazo	45	58
Total	77	100%		77	100%

Una vez se han calculado los porcentajes, ya se pueden obtener las primeras conclusiones, a partir de los siguientes principios de tipo general:

1. <u>El Activo Circulante ha de ser casi el doble que el exigible a corto plazo.</u> Esto es preciso para que la empresa no tenga problemas de liquidez y pueda atender sus pagos.

En relación a este principio se pueden detectar tres situaciones:

— El Activo Circulante es casi el doble que el Exigible a corto plazo: *Correcto*. En principio, la empresa no tiene problemas de liquidez.

— El Activo Circulante es bastante menor al doble del Exigible a corto plazo: *Precaución*. La empresa puede tener problemas de liquidez y hacer suspensión de pagos.

— El Activo Circulante es bastante mayor al doble del Exigible a corto plazo: *Atención*. Es posible que la empresa esté infrautilizando sus activos circulantes y obtenga de ellos poca rentabilidad por tener un exceso de los mismos.

2. *El Realizable más el Disponible han de igualar, aproximadamente, al Exigible a corto plazo*. Con este principio se matiza el anterior ya que es posible que una empresa tenga un Activo Circulante muy elevado pero en forma de stocks y, por tanto, no tenga efectivo para poder atender los pagos. La empresa se encontrará en alguna de las tres situaciones siguientes:

— El Realizable más el Disponible igualan, aproximadamente, al Exigible a corto plazo: *Correcto*. En principio, la empresa no tendrá problemas de liquidez.

— El Realizable más el Disponible son menores que el Exigible a corto plazo: *Precaución*. Es posible que la empresa tenga problemas para atender los pagos.

— El Realizable más el Disponible exceden al Exigible a corto plazo: *Atención*. Es posible que la empresa infrautilice sus inversiones en Realizable y Disponible.

3. *Los Capitales Propios han de ascender al 40 % o 50 % del total del Pasivo*. Este porcentaje de Capitales Propios es preciso para que la empresa esté suficientemente capitalizada y su endeudamiento no sea excesivo. Al igual que en los principios anteriores, se pueden producir tres situaciones:

— Los Capitales Propios representan entre el 40 % y el 50 % del Pasivo: *Correcto*. En principio, la empresa está suficientemente capitalizada.

— Los Capitales Propios representan menos del 40 % del Pasivo: *Precaución*. La empresa está descapitalizada y, por tanto, excesivamente endeudada. En definitiva, le falta capital y le sobran deudas.

— Los capitales Propios representan más del 50 % del Pasivo: *Atención*. Posiblemente, la empresa tiene un capital excesivo y quizás lo infrautilice no obteniendo una buena rentabilidad del mismo.

En relación a los principios anteriores, la mejor situación en todos ellos es la primera. La peor situación es la segunda. La tercera situación, a pesar de ser negativa, es fácilmente solucionable ya que en los tres principios se debe a que sobran recursos y lo que se ha de hacer es invertirlos convenientemente.

En el ejemplo que se ha visto al principio de este punto, la empresa presenta la situación siguiente:

— Tiene problemas de liquidez y puede hacer suspensión de pagos ya que el Activo Circulante es menor que el Exigible a corto plazo (42 % frente a 58 %) y el Realizable más el Disponible es mucho menor al Exigible a corto plazo (19 % frente a 58 %).

— Está descapitalizada, o sea excesivamente endeudada ya que el No Exigible o Capitales Propios (29 %) es mucho menor que la mitad del Pasivo.

Para evitar la suspensión de pagos esta empresa deberá:

— aumentar los Capitales Propios para reducir el elevado endeudamiento,

— mejorar la relación entre el Activo Circulante y Exigible a corto plazo para solucionar los problemas de liquidez.

3.4. Gráfico del Balance

A partir de los porcentajes calculados se puede obtener el gráfico del Balance. El gráfico se hace con un rectángulo dividido en dos partes iguales:

Activo   Pasivo

Considerando que la altura del rectángulo es 100 ya se pueden introducir los porcentajes calculados. Veámoslo con el ejemplo del punto 3.3.:

Activo	Pasivo
Fijo 58 %	No Exigible 29 %
	Exig. LP 13 %
Existencias 23 %	Exig. CP 58 %
11 % Realizable	
Disp. 8 %	

Con el gráfico del Balance se llega a las mismas conclusiones que se han apreciado a partir de los porcentajes. Sin embargo, el gráfico permite obtener una visión más clara de los problemas.

3.5. Evolución de los Balances en el tiempo

Los porcentajes y el gráfico también pueden hacerse sobre varios Balances de una misma empresa. De esta forma, se podrá comprobar la evolución de los diferentes grupos patrimoniales a lo largo del tiempo. A este análisis se le llama dinámico por tratar de más de un Balance. Al análisis de un solo Balance se le llama análisis estático.

Los gráficos de varios Balances se pueden presentar de varias formas:

— en valores relativos:

ACTIVO	ACTIVO	PASIVO	PASIVO
31.12 AÑO N-1	31.12 AÑO N	31.12 AÑO N	31.12 AÑO N-1
FIJO	FIJO	CAPITAL PROPIO	CAPITAL PROPIO
EXISTENCIAS	EXISTENCIAS	EXIGIBLE A CORTO PLAZO	EXIGIBLE A CORTO PLAZO
REALIZABLE + DISPONIBLE	REALIZABLE + DISPONIBLE		

ANALISIS ESTATICO
ANALISIS DINAMICO

En los gráficos superiores se puede ver cómo han aumentado considerablemente las deudas a corto plazo y consecuentemente se han reducido los Capitales Propios. Por otro lado, los stocks han crecido mientras que el Fijo y el Realizable más el Disponible se han reducido.

En conjunto, la empresa está en peor situación de liquidez y endeudamiento en el año N que en el año N-1.

— en valores absolutos:

ACTIVO		PASIVO	
31.12-N-1	31.12-N	31.12-N	31.12-N-1
FIJO	FIJO	CAPITAL PROPIO	CAPITAL PROPIO
EXISTENCIAS	EXISTENCIAS	EXIGIBLE A CORTO PLAZO	EXIGIBLE A CORTO PLAZO
Realizable más Disponible	Realizable más Disponible		

Análisis Estático
Análisis Dinámico

El gráfico en valores absolutos ha de tener una altura proporcional al importe total en unidades monetarias del Activo. Así, se puede ver el crecimiento del Activo y del Pasivo a través del tiempo además del peso relativo de los porcentajes.

3.6. Estructura del Balance ideal

A nivel general, el Balance ideal que ha de procurar tener toda empresa es el siguiente:

— *Empresas industriales:* Este tipo de empresas se caracteriza por la elevada inversión en activo fijo y la posibilidad de acceder a la financiación a largo plazo. Su balance ideal es:

Activo Fijo	No Exigible
Existencias	Exigible a M y L plazo
Realizable	Exigible a corto plazo
Disponible	

En el gráfico anterior se puede comprobar que:

— El Activo Circulante es, aproximadamente, el doble que el Exigible a corto plazo.

— El Realizable más el Disponible equivalen al Exigible a corto plazo.

— El No Exigible representa entre el 40 % y el 50 % del Pasivo Total.

— *Empresas comerciales:* En ellas, el Activo Fijo acostumbra a ser poco importante por no precisar equipo productivo. Consecuentemente, las empresas comerciales no suelen disponer de créditos a medio y largo plazo. Su Balance ideal es:

Activo Fijo	No Exigible
Existencias (Activo Circulante)	
Realizable	Exigible a Corto Plazo
Disponible	

En el gráfico anterior se puede comprobar el cumplimiento de los tres principios que se han comentado para las empresas industriales.

Seguidamente, se acompaña el Balance de Situación real en porcentajes de la empresa española:[1]

Balance de Situación de la empresa española

Fijo	44,79 %		No exig.	45,77 %
Existencias	22,52 %	Activo	Exigible	
Deudores	24,61 %	Circulante	M y l p.	16,65 %
Cuentas		55,21 %	Exigible	
Financieras	8,08 %		c. p.	37,58 %
	100,00 %			100,00 %

1. Fuente: Asociación para el Progreso de la Dirección. «Examen Económico-Financiero de la empresa española».

Si se comparan los tres principios propuestos con la situación real de la empresa en España, se puede apreciar que:

— El primer principio no se cumple ya que el Activo Circulante (55,21 %) no es el doble que el Exigible a Corto Plazo (37,58 %).

Este déficit de Activo Circulante en relación al Exigible a Corto Plazo es un indicativo de los problemas de liquidez que sufren las empresas españolas.

— El segundo principio no se cumple tampoco ya que el Realizable más el Disponible o Deudores más Cuentas Financieras (32,69 %) no es igual al Exigible a Corto Plazo (37,58 %). Aquí serían aplicables los mismos comentarios efectuados para el primer principio.

— El tercer principio se cumple ya que el No Exigible (45,77 %) está entre el 40 % y el 50 % del total del Pasivo.

3.7. Estado de Origen y Aplicación de Fondos

El Estado de Origen y Aplicación de fondos, también llamado Cuadro de Financiamiento o Estado de Fuentes y Empleos, es un instrumento útil para analizar el Balance.

Se confecciona a partir de dos Balances de una misma empresa, y consiste en la integración de todas las variaciones que se han producido en el Activo y en el Pasivo.

A continuación, se detalla la confección de un Estado de Origen y Aplicación de Fondo con un ejemplo:

1.º Se precisan dos Balances de una misma empresa:

Balance a 31.12-(N-1)			
Activo		*Pasivo*	
Fijo	7	No Exigible	10
Existencias	2	Exig. a largo p.	2
Realizable	4	Exig. a corto p.	5
Disponble	4		
	17		17

	Balance a 31.12-N		
Activo		Pasivo	
Fijo	17	No Exigible	12
Existencias	3	Exig. a largo p.	4
Realizable	6	Exig. a corto p.	12
Disponible	2	Amortización	
Pérdida	4	Acumulada	4
	32		32

2.º Se calculan los aumentos y disminuciones producidos entre los dos Balances:

Activo		Pasivo	
Fijo	10	No Exigible	2
Existencias	1	Exig. a largo p.	2
Realizable	2	Exig. a corto p.	7
Disponible	—2	Amortización	
Pérdida	4	Acumulada	4
	15		15

Nótese que las variaciones del Activo siempre han de igualar a las variaciones del Pasivo.

3.º Se confecciona el Estado de Origen y Aplicación de Fondos poniendo en la izquierda los aumentos de activo y las disminuciones de pasivo (que son las aplicaciones de fondos) y en la derecha los aumentos de pasivo y las reducciones de activo (que son los orígenes de fondos).

En la izquierda se anotan también las Pérdidas del ejercicio y en la derecha las amortizaciones y Beneficios del ejercicio.

Aplicación	Origen
▲Activo	▲Pasivo
▼Pasivo	▼Activo
Pérdidas	Amortización del Período
	Beneficios

En el ejemplo que estamos estudiando, el Estado de Origen y Aplicación de Fondos será:

Aplicación		Origen	
Fijo	10	No Exigible	2
Existencias	1	Amort. Acumulada	4
Realizable	2	Exig. a largo	2
Pérdida	4	Exig. a corto	7
		Disponible	2
	17		17

Del estado anterior se puede concluir que esta empresa ha invertido sobre todo en Activo Fijo y lo ha financiado basicamente con deudas a corto plazo lo cual es negativo. En principio, el Activo Fijo ha de ser financiado con Capitales Propios o con Exigible a largo plazo.

El Estado de Origen y Aplicación de Fondos sirve para ver en qué ha invertido la empresa (Activo Fijo, Activo Circulante, devolución de deudas, pérdidas) y cómo lo ha financiado (Capital, Deudas, Beneficios, Amortizaciones, venta de activos). De esta forma, se puede comprobar si el crecimiento y su financiación son equilibrados o no.

También es interesante calcular, el Estado de Origen y Aplicación de Fondos detallando las variaciones que se han producido en cada cuenta del Balance (en lugar de utilizar los grupos patrimoniales solamente). De esta forma, el Estado de Origen y Aplicación de Fondos suministra más información.

En el Plan General de Contabilidad este estado recibe la denominación de Cuadro de Financiación (véase capítulo 7).

4
Análisis del Balance de Situación (II): Los ratios

4.1. Concepto y uso de los ratios

Un ratio es el cociente entre magnitudes que tienen una cierta relación y por este motivo se comparan. Por ejemplo, si se divide el Beneficio Neto obtenido por la empresa por la cifra de Capitales Propios de esa misma empresa se obtiene el ratio de la Rentabilidad de los Capitales Propios.

$$\frac{\text{Rentabilidad de los}}{\text{Capitales Propios}} = \frac{\text{Beneficio Neto}}{\text{Capitales Propios}}$$

Los ratios no se acostumbran a estudiar solos sino que se comparan con:

— ratios de la misma empresa para estudiar su evolución.

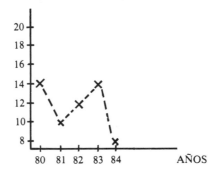

En la evolución anterior se puede apreciar que la Rentabilidad de los Capitales Propios ha bajado de forma ostensible en el último año.

— Ratios ideales de tipo general para comprobar en qué situación se encuentra la empresa en relación a lo que se considera ideal.

Por ejemplo, si se considera que la rentabilidad ideal de los Capitales Propios es el 14 % y la empresa que se está estudiando la tiene del 8 % indica que dicha empresa está obteniendo una baja rentabilidad.

— Ratios ideales de tipo sectorial para comprobar si la empresa obtiene la rentabilidad que tendría que tener en función del sector económico en que opera. Por ejemplo, si la empresa obtiene una Rentabilidad de los Capitales Propios del 8 % pero para su sector la ideal es del 10 % quiere decir que dicha empresa está obteniendo una baja rentabilidad. Los ratios por sectores son tratados más a fondo en el capítulo 8 del presente libro.

4.2. Principales ratios para analizar Balances

Existen infinidad de ratios, lo que quiere decir que para cada empresa en función de la situación concreta y de los objetivos del análisis se han de seleccionar aquellos ratios que sean más idóneos.

A continuación, se van a relacionar los principales ratios para estudiar la liquidez, el endeudamiento, la eficiencia de los activos y los plazos de cobro y pago. Para aquellos ratios que sea posible se indicará cuál es su valor medio deseable.

4.2.1. Ratios de liquidez

Para diagnosticar la situación de liquidez de la empresa, es decir, la posibilidad de poder hacer frente a sus pagos, además de confeccionar el Presupuesto de Caja (ver 2.3.), se pueden utilizar los ratios siguientes:

— *Ratio de liquidez:* Es igual al Activo Circulante dividido por el Exigible a corto plazo.

$$\text{Ratio de liquidez} = \frac{\text{Activo Circulante}}{\text{Exigible a corto plazo}}$$

Para que la empresa no tenga problemas de liquidez el valor del ratio de liquidez ha de ser de 2, aproximadamente. En caso de que este ratio sea mucho menor que 2, indica que la empresa está en peligro de hacer suspensión de pagos.

Si el ratio de liquidez es muy superior a 2 puede significar que se tienen activos circulantes ociosos y, por tanto, se pierde rentabilidad.

Ratio de liquidez $\begin{cases} = 2 : \text{Correcto} \\ < 2 : \text{Peligro de suspensión de pagos} \\ > 2 : \text{Peligro de tener activos circulantes ociosos.} \end{cases}$

— *Ratio de tesorería:* Es igual al Realizable más el Disponible dividido por el Exigible a corto plazo.

$$\text{Ratio de tesorería} = \frac{\text{Realizable} + \text{Disponible}}{\text{Exigible a corto plazo}}$$

Para no tener problemas de liquidez, el valor de este ratio ha de ser de 1, aproximadamente. Si es menor de 1, la empresa puede hacer suspensión de pagos por no tener los activos líquidos suficientes para atender los pagos. Si el ratio de tesorería es muy superior a 1, indica la posibilidad de que se tenga un exceso de Activos líquidos y por tanto se esté perdiendo rentabilidad.

Ratio de tesorería $\begin{cases} = 1 \text{ Correcto} \\ < 1 \text{ Peligro de suspensión de pagos} \\ > 1 \text{ Peligro de tener tesorería ociosa} \end{cases}$

Si una empresa tiene el ratio de liquidez igual a 2 (Correcto) pero el ratio de tesorería es de 0,3 (peligro de suspensión de pagos) indica que la empresa puede hacer suspensión de pagos por tener un exceso de existencias y faltarle Realizable y Disponible.

— *Ratio de Disponibilidad:* Es igual al Disponible dividido por el Exigible a corto plazo.

$$\text{Ratio de disponibilidad} = \frac{\text{Disponible}}{\text{Exigible a corto plazo}}$$

Es difícil estimar un valor ideal para este ratio ya que el Disponible acostumbra a fluctuar a lo largo del año y, por tanto, se ha de procurar tomar un valor medio. No obstante, se puede indicar que si el valor del ratio es bajo se pueden tener problemas para atender los pagos. Por el contrario, si el ratio de disponibilidad aumenta mucho pueden existir disponibles ociosos y, por tanto, perder rentabilidad de los mismos. Como valor medio óptimo se podría indicar para este ratio el de 0,3, aproximadamente.[2]

4.2.2. Ratios de endeudamiento

Los ratios de endeudamiento se utilizan para diagnosticar sobre la cantidad y calidad de la deuda que tiene la empresa así como comprobar hasta qué punto se obtiene el beneficio suficiente para soportar la carga financiera del endeudamiento.

— *Ratio de endeudamiento:* Es igual al total de las deudas dividido por el Pasivo.

$$\text{Ratio de endeudamiento} = \frac{\text{Total Deudas}}{\text{Total Pasivo}}$$

El valor óptimo de este ratio se sitúa entre 0,5 y 0,6. En caso de ser superior a 0,6 indica que el volumen de deudas es excesivo y la empresa está perdiendo autonomía financiera frente a terceros o, lo que es lo mismo, se está descapitalizando. Si es inferior a 0,5 puede ocurrir que la empresa tenga un exceso de Capitales Propios. Como se verá más adelante, en muchas ocasiones es rentable tener una cierta proporción de deuda.

---

2. Para poder diagnosticar la liquidez, el análisis de los tres ratios anteriores ha de complementarse con el estudio del presupuesto de tesorería de los meses siguientes.

Ratio de endeudamiento $\begin{cases} \text{entre 0,5 y 0,6: Correcto} \\ >0,6: \text{Exceso de deuda} \\ <0,5: \text{Exceso de Capitales Propios} \end{cases}$

— *Ratio de calidad de la deuda:* Se calcula dividiendo el Exigible a corto plazo por el total de las deudas.

$$\text{Ratio de calidad de la deuda} = \frac{\text{Exigible a corto plazo}}{\text{Total Deudas}}$$

Dado que muchas empresas no pueden acceder a los préstamos a largo plazo, no es posible determinar el valor óptimo de este ratio. No obstante, cuanto menor sea el valor del ratio de calidad de la deuda, significa que la deuda es de mejor calidad. Como la deuda a largo plazo tiene un vencimiento más lejano es indicativa de la calidad del endeudamiento.

— *Ratio de capacidad de devolución de los préstamos:* Se calcula dividiendo el Beneficio Neto más las amortizaciones por el total de los préstamos recibidos. Cuanto mayor sea el valor de este ratio más capacidad se tendrá para poder devolver los préstamos ya que el numerador refleja el flujo de caja que genera la empresa.

$$\text{Ratio de capacidad de devolución de los préstamos} = \frac{\text{Beneficio Neto + Amortizaciones}}{\text{Préstamos recibidos}}$$

— *Ratio de gastos financieros:* Hay dos ratios que, a pesar de que requieren datos de la Cuenta de Explotación, permiten comprobar si la empresa puede soportar el endeudamiento que tiene.

El primero de ellos es el que se calcula dividiendo los Gastos Financieros por la cifra de ventas:

$$\frac{\text{Gastos Financieros}}{\text{Ventas}}$$

Cuando el ratio anterior es superior a 0,05 indica que los gastos financieros son excesivos. Cuando el valor está entre 0,04 y 0,05 es indicativo de precaución y cuando es menor de 0,04 quiere decir que los gastos financieros no son excesivos en relación a la cifra de ventas. Tal como ya se ha indicado, estas pautas son de tipo general.

$$\frac{\text{Gastos Financieros}}{\text{Ventas}} \begin{cases} > 0{,}05\text{: Exceso de carga financiera} \\ 0{,}04/0{,}05\text{: Precaución} \\ < 0{,}04\text{: Correcto} \end{cases}$$

El segundo ratio divide el Beneficio antes de intereses e impuestos (BAII) por los Gastos Financieros:

$$\frac{\text{Beneficio antes de Intereses e Impuestos}}{\text{Gastos Financieros}}$$

Para este ratio, lo ideal es que sea lo más alto posible, y por descontado mayor que 1 para no tener pérdidas.

En definitiva, para poder diagnosticar sobre el endeudamiento de la empresa se han de hacer, como mínimo los ratios anteriores de endeudamiento, calidad de la deuda, capacidad de devolución de préstamos y de gastos financieros.

4.2.3. *Ratios de rotación de activos*

Permiten estudiar el rendimiento que se obtiene de los activos.

Los ratios de rotación se calculan dividiendo las ventas por el activo correspondiente. El valor ideal de los ratios de rotación es que sean cuanto más elevados mejor. Veamos los más usados:

— *Rotación del activo fijo:* Se obtiene dividiendo las ventas por el activo fijo.

$$\text{Rotación del Activo fijo} = \frac{\text{Ventas}}{\text{Activo Fijo}}$$

Cuanto mayor sea el valor de este ratio quiere decir que se generan más ventas con el activo fijo. Dado que las Ventas se producen por el Activo Funcional es interesante obener el ratio siguiente:

$$\text{Rotación del Activo Fijo Funcional} = \frac{\text{Ventas}}{\text{Activo Fijo Funcional}}$$

— *Rotación del activo circulante:* Para hallar su valor se dividen las ventas por el activo circulante:

$$\text{Rotación del Activo Circulante} = \frac{\text{Ventas}}{\text{Activo Circulante}}$$

Con el Activo Circulante también puede calcularse la rotación de sus elementos funcionales:

$$\text{Rotación del Activo Circulante Funcional} = \frac{\text{Ventas}}{\text{Activo Circulante Funcional}}$$

— *Rotación de los stocks:* Se obtiene dividiendo las ventas por el valor de los stocks.

$$\text{Rotación de Stocks} = \frac{\text{Ventas}}{\text{Stocks}}$$

Al igual que los ratios anteriores, cuanta mayor sea la rotación de los stocks, significa que se generan más ventas con menos inversión (en stocks en este caso). Para que el ratio sea más útil se han de tomar las Ventas a precio de coste, ya que el stock está valorado a dicho precio:

$$\text{Rotación de Stocks} = \frac{\text{Ventas a precio de coste}}{\text{Stocks}}$$

El estudio de los ratios de rotación se hace analizando su evolución durante varios años. La situación ideal es que los ratios de rotación aumenten. Así, cada vez se precisará una inversión menor en Activo para vender. Por tanto, al tener menos activos habrá menos pasivos y más eficiente será la empresa. Un Pasivo menor implica un menor coste del mismo.

4.2.4. Plazos de Pago y Cobro

Estos ratios sirven para comprobar la evolución de la política de cobro y pago a clientes y proveedores, respectivamente.

— *Ratio de plazo de cobro:* Indica el número medio de días que se tarda en cobrar de los clientes. Se calcula dividiendo el saldo de clientes, efectos a cobrar y efectos descontados pendientes de vencer por las ventas anuales y multiplicado por 365:

$$\text{Plazo de cobro} = \frac{\text{Clientes + Efec. a cobrar + Efec. descont. pend. de vencer}}{\text{Ventas}} \times 365$$

En el numerador del ratio han de incluirse todas las deudas de los clientes.

Cuanto menor sea este ratio indica que se cobra antes de los clientes.

— *Ratio de plazo de pago:* Se calcula dividiendo el saldo de Proveedores por las compras anuales y multiplicando por 365. Refleja el número de días promedio que se tarda en pagar a los proveedores.

$$\text{Plazo de Pago} = \frac{\text{Proveedores}}{\text{Compras}} \times 365$$

Cuanto mayor es el valor de este ratio implica que se tarda más en pagar a los proveedores, con lo que éstos proporcionan más financiación y, por tanto, es positivo. No obstante, de la situación anterior hay que distinguir aquella que se produce por el retraso en el pago en contra de lo convenido con los proveedores. Esta última situación es totalmente negativa por la informalidad que refleja y por el desprestigio que ocasiona.

En el capítulo 7 se ampliará el análisis del Balance con el estudio del Fondo de Maniobra.

Apéndice

El poder predictivo de los ratios

En diversos países, sobre todo en Estados Unidos, se han hecho estudios que demuestran el poder de predicción que tienen los ratios.

Así, una investigación de Beaver[3] demostró que a partir del ratio Deudas/Activo se podría ver si la empresa haría suspensión de pagos antes de 5 años y en caso afirmativo cuántos años tardaría en llegar a esa situación. Como se puede apreciar en el esquema siguiente, si una empresa tiene un ratio de Deudas/Activo de 0,65 quiere decir, según el estudio mencionado, que dentro de unos dos años hará suspensión de pagos.

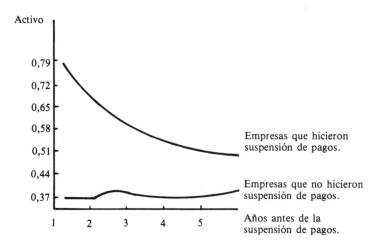

Siguiendo con el mismo estudio, una empresa que tenga el ratio Deudas/Activo inferior a 0,37, no hará suspensión de pagos antes de 5 años.

También son conocidos los estudios de Altman[4] para predecir la probabilidad que tiene una empresa de hacer suspensión de pagos. Altman, a través de la investigación de un

---

3. "Financial ratios as predictors of Failure". Journal of Accounting Research, Vol. 5, 1967.
4. "Financial ratios, discriminant analysis and the prediction of corporate bankrupty". Journal of Finance, Vol. 23, n.º 4, 1968.

gran número de empresas halló un índice que puede ser usado para predecir dicha probabilidad. El índice Z se calcula a partir de los ratios siguientes:

$$Z = 1,2 \frac{\text{Fondo Maniobra}}{\text{Activo}} + 1,4 \frac{\text{B.}^\circ \text{ retenido}}{\text{Activo}} +$$

$$+ 3,3 \frac{\text{B.}^\circ \text{ antes int. e imptos.}}{\text{Activo}} + 0,6 \frac{\text{Capitales Propios}}{\text{Deudas}} +$$

$$+ 1 \frac{\text{Ventas}}{\text{Activo}}$$

Según el valor de Z se puede estimar la probabilidad de suspensión de pagos. Así, si Z es mayor que 3 no hay peligro de suspensión. Si Z está entre 1,8 y 3 la situación es dudosa. Si es inferior a 1,8 hay peligro de suspensión de pagos.

El modelo de Altman es muy útil porque relaciona la posible suspensión de pagos con varias causas como son la situación de liquidez, la política de retención de beneficios, el margen que obtiene la empresa, los capitales propios que tiene y el volumen de ventas. En Francia, Conan y Holder han establecido un modelo similar con bastante éxito.

En definitiva, este tipo de modelos que han de adaptarse a las características de cada país, han demostrado con su validez que los ratios pueden ser usados para predecir la evolución futura de la empresa.

5
Análisis de la Cuenta de Explotación

5.1. Objetivos del Análisis de la Cuenta de Explotación

El análisis de la Cuenta de Explotación, también denominado análisis económico, permite diagnosticar básicamente sobre las cuestiones siguientes:

— Evolución de la cifra de *ventas* global y por productos.
— Evolución del *margen bruto* global y por productos.
— Evolución de los *gastos de estructura y financiación*.
— Cálculo de las *ventas precisas para cubrir gastos para comprobar la viabilidad económica de la empresa*.

Si se analizan Cuentas de Explotación previsionales de futuros ejercicios se podrá analizar la evolución del resultado futuro.

Seguidamente, se estudian las técnicas más útiles para la realización de un análisis económico. Dichas técnicas pueden ser aplicadas a Cuentas de Explotación históricas (de ejercicios anteriores) o previsionales (de ejercicios futuros).

5.2. Cálculo de porcentajes y gráficos

El primer paso del análisis economico es el cálculo de los porcentajes de la Cuenta de Explotación. Para ello, se obtiene el porcentaje que representan los diferentes gastos y beneficios sobre las ventas. Veamos un ejemplo:

	Importe	%
Ventas	1.200	100
— Coste de Ventas	—600	50
Margen Bruto	600	50
— Costes Fijos	—400	33,3
Beneficios antes de inters. e impts.	200	16,7
— Gastos Financieros	—40	3,33
Beneficio antes de Impuestos	160	13,37
— Impuesto sobre el beneficio	—10	0,8
Beneficio Neto	150	12,57

La Cuenta de Explotación en porcentajes, si se calcula para varios ejercicios, permite ver la evolución de los diferentes gastos y beneficios:

	AÑO N	AÑO (N+1)	AÑO (N+2)	AÑO (N+3)
Ventas	100	100	100	100
—Coste Ventas	80,9	81,1	81,4	84,4
Margen Bruto	19,1	18,9	18,6	15,6
—Gastos Fijos	3,7	3,6	3,6	3,6
—Amortización	4,8	4,3	4,8	4,8
Beneficio AII	10,6	11	10,2	7,1
—Gastos Financieros	0,6	0,5	0,6	0,6
Beneficio AI	10	10,5	9,6	6,5
—Impuestos	5,4	5,3	4,9	3,3
Beneficio Neto	4,6	5,2	4,7	3,2

En las Cuentas de Explotación anteriores se observa una caída del Beneficio Neto en relación a las ventas a causa del aumento del Coste de Ventas, ya que los demás gastos prácticamente no han variado. Unicamente se han reducido los impuestos sobre los beneficios.

Al igual que con los Balances, con las Cuentas de Explotación en porcentajes se pueden obtener gráficos. Así, para las Cuentas de Explotación (N + 1) y (N + 3) del ejemplo anterior, se harán los gráficos siguientes:

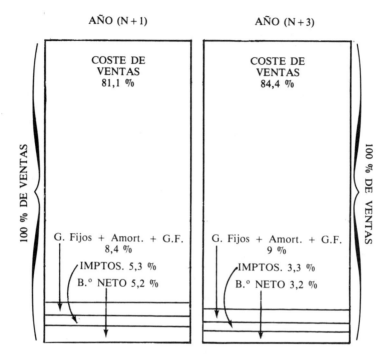

Destino de cada 100 unidades monetarias vendidas

Es una variedad del cálculo de porcentajes de la Cuenta de Explotación. Para hallar el destino de cada 100 unidades monetarias vendidas se clasifican todos los gastos de la forma que más interese (materiales consumidos, mano de obra directa, amortizaciones, comisiones, otros gastos directos, mano de obra indirecta, alquileres, tributos, etc.).

Seguidamente, se calcula el porcentaje de cada gasto sobre las ventas. Veámoslo con el ejemplo siguiente:

Una empresa facilita las Cuentas de Explotación que se detallan como sigue:

CUENTAS DE EXPLOTACION en Unidades Monetarias		AÑO N-1	AÑO N
Coste de Ventas	Ventas	1.200	1.400
	Mater. consumidos	—400	—500
	Mano de O. directa	—250	—290
	Comisiones	—120	—140
	Amortizaciones	—50	—50
	Otros Gtos. Directos...	—70	—80
Gastos Fijos	Mano de O. indirecta...	—100	—160
	Alquileres	—40	—40
	Luz, agua, gas	—30	—25
	Tributos	—30	—20
	Imptos. Sociedades	—10	—2
	Gtos. Financieros	—50	—82
	BENEFICIO NETO	50	11

Los datos anteriores elaborados en forma de Cuenta de Resultados financiera quedaría así:

	N-1	%	*N*	%
Ventas	1.200	100	1.400	100
—Coste de Ventas	—890	74	—1.060	76
Margen Bruto	310	26	340	24
—Costes Fijos	—200	17	—245	17
BAII	110	9	95	7
—Gastos Financieros	—50	4	—82	6
BAI	60	5	13	1
—Impuesto Sociedades	—10	1	—2	0,2
BENEFICIO NETO	50	4	11	0,8

En las Cuentas de Resultados anteriores se puede apreciar que la caída de la Rentabilidad del 4 % al 0,8% se debe al aumento del Coste de Ventas (74 % al 76 %) y de los Gastos Financieros (4 % al 6 %).

El destino de cada 100 unidades monetarias vendidas será:

	N-1	%	N	%
GASTOS VARIABLES				
Materiales consumidos	400	33	500	36
Mano de Obra Directa	250	21	290	21
Comisiones	120	10	140	10
Amortizaciones	50	4	50	3
Otros Gastos Directos	70	6	80	6
GASTOS FIJOS				
Mano de Obra Indirecta	100	9	160	11
Alquileres	40	3	40	3
Luz, agua, gas	30	2,5	25	2
Tributos	30	2,5	20	1
GASTOS FINANCIEROS	50	4	82	6
IMPUESTO SOCIEDADES	10	1	2	0,2
BENEFICIO NETO	50	4	11	0,8
VENTAS (=) (Suma de todos los conceptos superiores.)	1.200	100	1.400	100

Dicho de otra forma, cada 100 unidades monetarias vendidas se han repartido así:

55

	N-1	N
GASTOS VARIABLES		
Materiales consumidos	33	36
Mano de Obra Directa	21	21
Comisiones	10	10
Amortizaciones	4	3
Otros Gastos Directos	6	6
GASTOS FIJOS		
Mano de Obra Indirecta	9	11
Alquileres	3	3
Luz, agua, gas	2,5	2
Tributos	2,5	1
GASTOS FINANCIEROS	4	6
IMPUESTO SOCIEDADES	1	0,2
BENEFICIO NETO	4	0,8
	100	100

De los estados anteriores se puede apreciar que:

— El aumento total de los gastos variables del 74 % al 76 % se ha debido al aumento de los materiales consumidos (33 % al 36 %), a pesar de la disminución de las Amortizaciones (4 % al 3 %).

— Los gastos fijos a pesar de no variar en global (17 % y 17 %), han tenido importantes oscilaciones. La mano de Obra Indirecta ha aumentado (del 9 % al 11 %) mientras que las disminuciones de la luz, agua, gas, y tributos la han compensado.

— Los gastos financieros han aumentado considerablemente (del 4 % al 6 %).

Como conclusión a todo lo anterior, hay que resaltar que es imprescindible, al revisar la Cuenta de Resultados, analizar todos los gastos con el máximo detalle.

5.3. El análisis de las ventas a través del T.A.M. (Total Anual Móvil)

El T.A.M. (Total Anual Móvil) de las ventas se calcula sumando al importe de las ventas del último mes las ventas de los 11 meses anteriores:

Veamos un ejemplo:

Ventas del año N-1:

Enero	Febr.	Marzo	Abril	Mayo	Junio
2	3	5	5	6	4
Julio	Agosto	Sept.	Octub.	Novbr.	Dicbre.
2	1	2	1	0	1

Ventas del año N (hasta Marzo):

Enero	Febr.	Marzo
2	4	6

El T.A.M. de ventas del mes de Marzo del año N será la suma de las ventas de Enero a Marzo del año N más la suma de las ventas de Abril a Diciembre del año N-1:

T.A.M. de Marzo del año N = $\boxed{34}$

El T.A.M. es de gran utilidad ya que elimina la estacionalidad por integrar siempre 12 meses consecutivos. El T.A.M. puede calcularse para cualquier dato de la Cuenta de Resultados. Sin embargo, lo más común es aplicarlo al análisis de las ventas.

Para que la evolución de las ventas no sea negativa, el T.A.M. ha de aumentar con el paso de los meses.

Seguidamente, se calculará el T.A.M. para todos los meses de un año:

Ventas del año N-1:

Enero	Febr.	Marzo	Abril	Mayo	Junio
2	3	5	5	6	4
Julio	Agosto	Sept.	Octub.	Novbre.	Dicbre.
2	1	2	1	0	1

Ventas del año N:

Enero	Febr.	Marzo	Abril	Mayo	Junio
2	4	6	5	6	5
Julio	Agosto	Sept.	Octub.	Novbr.	Dicbre.
3	2	1	2	1	2

T.A.M. del año N:

Enero	Febr.	Marzo	Abril	Mayo	Junio
32	33	34	34	34	35
Julio	Agosto	Sept.	Octub.	Novbr.	Dicbre.
36	37	36	37	38	39

En el ejemplo anterior, se puede apreciar que la evolución de las ventas del año N es positiva ya que el T.A.M. tiende a crecer. Teniendo en cuenta los efectos de la inflación, se ha de comprobar que el crecimiento del T.A.M. es igual o superior a la tasa de inflación del sector en que opera la empresa. A menudo se compara el T.A.M. con las ventas mensuales y con las ventas acumuladas. Cuando esta comparación se hace de forma gráfica se puede obtener el gráfico Z. El gráfico Z permite integrar en un solo gráfico los datos de las ventas mensuales, acumuladas y T.A.M.

A continuación se calcula el gráfico Z del ejemplo anterior:

Previamente se obtendrán las ventas acumuladas a partir de las ventas mensuales.

Enero	Febr.	Marzo	Abril	Mayo	Junio
2	6	12	17	23	28
Julio	Agosto	Sept.	Octub.	Novbr.	Dicbre.
31	33	34	36	37	39

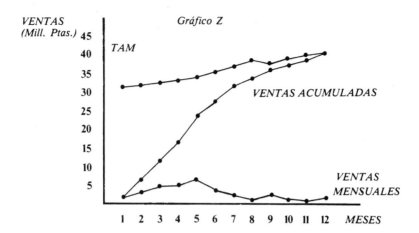

En el gráfico anterior se puede comprobar que, a pesar de que las ventas mensuales descienden, el T.A.M. se eleva y, por tanto, las ventas mantienen una evolución positiva.

Obsérvese que en cualquier caso siempre se obtendrá un gráfico en forma de Z, ya que en la parte inferior izquierda las ventas de enero y las ventas acumuladas de enero coinciden, y por otro lado, en la parte superior derecha el T.A.M. de diciembre coincide con las ventas acumuladas de diciembre.

También es de interés elaborar el gráfico Z de las ventas previstas del ejercicio próximo para irlo comparando con las ventas reales durante el transcurso del ejercicio. Esto puede ampliarse con las ventas por producto, por zona, por vendedores, etc.

5.4. Análisis de las ventas con ratios

Las ventas pueden analizarse a través de ratios como los siguientes:

— *Ratio de expansión de ventas:* Se calcula dividiendo las ventas de un año por las del año anterior.

$$\text{Expansión de Ventas} = \frac{\text{Ventas año N}}{\text{Ventas año N-1}}$$

Cuanto mayor sea este ratio mejor. Si se hace en unidades monetarias, en caso de que sea menor que 1 más el porcentaje de inflación, significa que las ventas decrecen. Por ejemplo, si el porcentaje de inflación es del 15 % anual para que las ventas crezcan, el ratio de expansión de ventas habrá de ser superior a 1,15. En este punto hay que tener en cuenta que la inflación no afecta por igual a todos los sectores. Por tanto se deberá conocer cuál es la inflación del sector al que pertenece la empresa a analizar.

— *Ratio de cuota de mercado:* Este ratio refleja la parte del mercado, en que opera una empresa, que es absorbida por este. Se obtiene dividiendo la cifra de ventas de la empresa por la del sector en el mismo período:

$$\text{Cuota de mercado} = \frac{\text{Ventas empresa}}{\text{Ventas del sector}}$$

Este ratio al igual que el anterior se puede calcular en unidades físicas o en unidades monetarias. Asimismo, ambos se pueden obtener para las ventas globales de la empresa o para cada uno de sus productos.

— *Ratio de participación de cada producto en el total de ventas:* Se calcula para cada producto dividiendo las ventas de cada uno de éstos por las ventas globales en unidades monetarias.

$$\text{Participación del producto A en el total de Ventas} = \frac{\text{Ventas producto A}}{\text{Ventas totales de la empresa}}$$

Este Ratio indica el peso que representa cada producto vendido en el total de las Ventas de las empresas.

Veamos un ejemplo en el que se han calculado los ratios para una empresa que vende tres productos:

DATOS: En unidades monetarias.

AÑO		Producto A		Producto B		Producto C	
	Ventas totales	V. empresa	V. sector	V. empresa	V. sector	V. empresa	V. sector
N-3	793	265	1.000	365	940	163	374
N-2	922	305	1.500	434	1.210	183	412
N-1	1.045	347	2.300	508	1.415	190	433
N	1.200	400	3.800	600	1.656	200	454

RATIOS: Cuadro de ratios.

AÑO	Expansión de Ventas				Cuota Mercado			Participación de cada producto		
	TOTAL	Produc. A	Produc. B	Produc. C	Produc. A	Produc. B	Produc. C	Produc. A	Produc. B	Produc. C
N-3	—	—	—	—	0,26	0,38	0,43	0,33	0,46	0,21
N-2	1,16	1,15	1,18	1,12	0,20	0,35	0,44	0,33	0,47	0,20
N-1	1,13	1,13	1,39	1,16	0,15	0,35	0,43	0,33	0,49	0,18
N	1,14	1,15	1,18	1,05	0,10	0,36	0,44	0,33	0,50	0,17

En el cuadro se puede comprobar que (suponiendo que la inflación es del 15 % anual):

— La expansión de ventas del producto A es igual a la inflación. Sin embargo, la cuota de mercado está disminuyendo, lo cual es negativo.

— Las ventas del producto B crecen más que la inflación y la cuota de mercado se mantiene.

— El producto C mantiene su cuota de mercado pero sus ventas crecen menos que la inflación, lo cual es negativo.

5.5. Análisis del margen por productos

Este análisis se hace para ver cuál es el margen bruto que genera cada tipo de producto vendido por la empresa. Así, se puede comprobar qué productos interesa vender más por tener un margen superior.

Igualmente, se puede detectar que hay productos que tienen un margen bruto negativo y que, posiblemente, habrán de ser desechados ya que cuanto más se vendan mayores pérdidas producirán.

A continuación se plasma una Cuenta de Explotación detallada a nivel de productos:

Cuenta de Explotación en unidades monetarias

	Prod. A	Prod. B	Prod. C	TOTAL
Ventas	400	600	200	1.200
Gastos imputables a los productos	—380	—430	—205	—1.015
Materiales	115	205	90	
Mano de Obra	190	110	75	
Gtos. Fabricación	10	20	5	
Comisiones	40	60	20	
Portes de venta	10	15	5	
Publicidad	15	20	10	
Margen Bruto	20	170	—5	185
—Gastos de la estructura				—108
BAII				77
—Gastos Financieros				—80
BAI				—3
—Impuesto Sociedades				0
Beneficio Neto				—3

En esta Cuenta de Explotación se puede comprobar que el producto más rentable es el B. Por el contrario, el producto C genera un margen bruto negativo por lo que se deberá estudiar su eliminación. En principio, son rentables aquellos productos que generen, al menos, una unidad monetaria de margen bruto que permitirá empezar a cubrir los gastos de estructura y financieros.

Este tipo de análisis aún es más útil si se pueden incluir antes del margen bruto los gastos financieros y de estructura que sean imputables a algún producto en especial. Así, se puede estimar más exactamente qué ingresos y gastos ocasiona cada producto.

5.6. Cálculo del Umbral de Rentabilidad

El estudio del Umbral de Rentabilidad permite analizar la relación existente entre el resultado y las ventas. El Umbral de Rentabilidad, denominado también Punto Muerto o Punto de Equilibrio, es la cifra de ventas que una empresa debe alcanzar para no tener pérdida ni beneficio. En este punto, el total de ingresos se iguala con el total de gastos:

$$\text{Ventas} - \text{Gastos} = 0$$

Para calcular la cifra de ventas del Umbral de Rentabilidad se precisan conocer los datos siguientes:

— Gastos Fijos en pesetas.
— Gastos Variables en porcentaje sobre ventas.

La fórmula del Umbral de Rentabilidad es:

$$\text{Cifra de Ventas del Umbral de Rentabilidad} = \frac{\text{Gastos Fijos}}{1 - \dfrac{\text{Gastos Variables en porcentaje sobre Ventas}}{100}}$$

Ejemplo: A continuación se calcula el Umbral de Rentabilidad de una empresa que tiene la Cuenta de Explotación anual que sigue:

Ventas	280.000.000,— ptas.
—Gastos Variables	150.000.000,— ptas.
—Gastos Fijos	110.000.000,— ptas.
Beneficios	20.000.000,— ptas.

El porcentaje de Gastos Variables sobre Ventas es:

$$\frac{\text{Gastos Variables}}{\text{Ventas}} \times 100 = \frac{150.000.000}{280.000.000} \times 100 = 53,57\ \%$$

El Umbral de Rentabilidad será:

$$\text{Umbral de Rentabilidad} = \frac{\text{Gastos Fijos}}{1 - \dfrac{\%\ \text{Gastos Variables sobre Ventas}}{100}} =$$

$$= \frac{110.000.000}{1 - \dfrac{53,57}{100}} = \frac{110.000.000}{0,4643} = 236.915.787,-\ \text{ptas.}$$

Por tanto, si se alcanza la cifra de Ventas de 236.915.787,— ptas. se consigue un Beneficio igual a 0:

Ventas	236.915.787,— ptas.
—Gtos. variables (53,57% de las vtas.)	126.915.787,— ptas.
—Gastos Fijos	110.000.000,— ptas.
Beneficios	0,— ptas.

El cálculo del Umbral de Rentabilidad también puede hacerse en unidades vendidas:

$$\text{Número de unidades a vender para alcanzar el Umbral de Rentabilidad} = \frac{\text{Gastos Fijos}}{\text{Precio de Venta Unitario} - \text{Gastos Variables por unidad}}$$

Ejemplo: Una empresa tiene unos gastos fijos anuales de ptas. 50.000.000,—. ¿Cuántas unidades ha de vender para cubrir gastos si el precio de venta unitario es de 100 ptas. y los gastos variables por unidad vendida ascienden a 75 ptas.?

$$\text{Umbral de Rentabilidad} = \frac{50.000.000 \text{ ptas.}}{100 \text{ ptas.} - 75 \text{ ptas.}} = 2.000.000 \text{ unidades}$$

Por tanto, el Umbral de Rentabilidad se alcanzará cuando se vendan 2.000.000 unidades.

El estudio del Umbral de Rentabilidad puede hacerse gráficamente. Supóngase una empresa que facilita los datos siguientes:

— Gastos Fijos = 10.000.000 ptas. anuales.
— Gastos Variables en % sobre Ventas = 75 %.

El Umbral de Rentabilidad será:

$$\frac{10.000.000 \text{ ptas.}}{1 - \frac{75}{100}} = \frac{10.000.000 \text{ ptas.}}{1 - 0,75} = 40.000.000 \text{ ptas.}$$

La representación gráfica se hará tomando dos ejes en los que se situarán los diferentes gastos e ingresos para cada nivel de ventas:

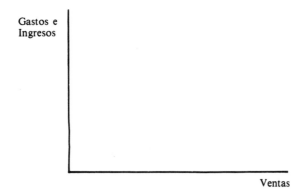

Seguidamente, se situarán los ingresos con una recta de 45°:

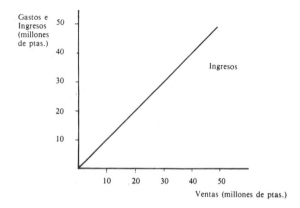

A continuación, se representará la recta de los gastos. El punto de partida de la recta de gastos coincide siempre con el nivel de gastos fijos (10.000.000 ptas.) que son los gastos totales cuando no hay ventas. A partir de ese punto, se calcula la recta por medio del cálculo de los gastos totales para otro nivel de ventas. Por ejemplo, si las ventas ascienden a ptas. 20.000.000, los gastos totales serán:

Gastos totales = Gastos fijos + Gastos variables
            = 10.000.000 ptas. + 0,75 × 20.000.000
            = 25.000.000 ptas.

Al tener dos puntos de la recta de gastos ya se puede trazar dicha recta:

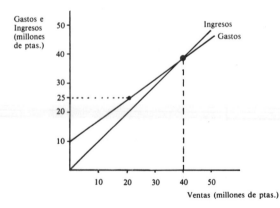

El Umbral de Rentabilidad se da para aquel nivel de ventas en que las rectas de gastos e ingresos se cruzan. Con el gráfico se puede estimar rápidamente la pérdida o beneficio correspondiente a cada nivel de ventas:

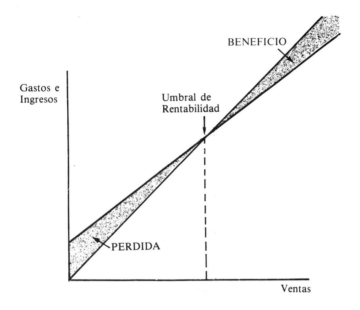

6
Rentabilidad, autofinanciación y crecimiento

En este capítulo se estudiará la rentabilidad de la empresa y otros temas muy relacionados con ésta, como son el apalancamiento financiero, la autofinanciación y la capacidad de crecimiento.

Los principales ratios que se analizarán dependen de cuatro variables: Activo, Capitales Propios, Ventas y Beneficio. A través de estas cuatro variables, se pueden obtener los ratios de rendimiento, rentabilidad, margen, apalancamiento y rotación:

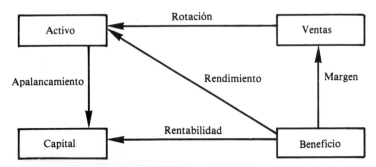

Así, la rotación, como ya se ha estudiado anteriormente, compara las Ventas con el Activo. El margen es el Beneficio dividido por las Ventas. La rentabilidad es la relación entre Beneficio y Capitales Propios. El apalancamiento es el Activo dividido por el Capital. El rendimiento es el Beneficio dividido por el Activo.

6.1. Estudio de la rentabilidad

6.1.1. Rentabilidad económica o rendimiento

La rentabilidad económica o rendimiento es la relación entre el Beneficio antes de Intereses e Impuestos y el activo total. El estudio del rendimiento permite conocer la evolución y las causas de la productividad del activo de la empresa.

$$\text{Rendimiento} = \frac{\text{Beneficio antes de Intereses e Impuestos}}{\text{Activo Total}}$$

Cuanto más elevado sea el rendimiento mejor porque indicará que se obtiene más productividad del activo. Por ejemplo, supóngase una empresa que el año (N-1) tuvo un rendimiento del 0,157 y en el año (N) del 0,133. La caída del ratio de rendimiento significa que esta empresa pierde rentabilidad de su activo.

El rendimiento también puede estudiarse dividiendo el Beneficio antes de Intereses e Impuestos por el Activo Funcional:

$$\frac{\text{Beneficio antes de Intereses e Impuestos}}{\text{Activo Funcional}}$$

De esta forma se analiza el rendimiento de aquella parte del Activo que se utiliza para la Explotación (ver 2.1.2.).

El rendimiento puede ser dividido en dos ratios que explicarán mejor las causas de su evolución. Si multiplicamos el ratio de rendimiento por el de Ventas/Ventas:

$$\text{Rendimiento} = \frac{\text{B.}^\text{o} \text{ antes Int. e Impuestos}}{\text{Activo Total}} \times \frac{\text{Ventas}}{\text{Ventas}}$$

A continuación variamos el orden de los factores sin que ello altere el producto:

$$\text{Rendimiento} = \frac{\text{Ventas}}{\text{Activo Total}} \times \frac{\text{B.}^\text{o} \text{ antes Int. e Imptos.}}{\text{Ventas}}$$

Con estas operaciones se consigue explicar el rendimiento a través de dos ratios. El primero es la rotación del Activo y el segundo es el margen que se obtiene de las Ventas.

Continuando con el ejemplo anterior, supóngase los datos siguientes:

Año	$\dfrac{Ventas}{Act.\ Total} \times \dfrac{B.º\ antes\ Int.\ e\ Imp.}{Ventas} = Rendimiento$				
(N-1)	1,06	×	0,148	=	0,157
N	1,01	×	0,132	=	0,133

A través de la evolución de los dos ratios anteriores se aprecia que el rendimiento ha caído a causa de una menor rotación del Activo y por obtener un menor margen de las Ventas.

Para aumentar el rendimiento, se habrá de aumentar el precio de venta de los productos y/o reducir los costes y así se conseguirá que el ratio de margen suba. Otra alternativa sería aumentar la rotación vendiendo más o reduciendo el activo.

$$\text{Rendimiento} = \frac{Ventas}{Activo\ Total} \times \frac{B.º\ antes\ Int.\ e\ Imptos.}{Ventas}$$

Para aumentar el rendimiento
— Vender más o
— Reducir el activo
— Vender más caro
— Reducir Costes

Desde este punto de vista, hay dos vías muy diferenciadas para aumentar el rendimiento:

— Una alternativa sería mejorar el rendimiento a través de productos de gran calidad que podrían venderse a precios elevados y aunque tuviesen una baja rotación generarían un buen margen:

Baja rotación × Elevado margen = Buen rendimiento

Esta es la estrategia seguida por las empresas de perfumería y confección parisinas, por poner un ejemplo.

— La alternativa contraria sería ajustar los precios de venta para vender el máximo número de unidades que permitirían una elevada rotación que compensaría el escaso margen:

Elevada rotación × Bajo margen = Buen rendimiento

Esta es la estrategia que siguen las empresas japonesas y los comercios andorranos, por ejemplo.

Entre las dos alternativas citadas se pueden trazar políticas intermedias:

Rotación aceptable × Margen aceptable = Buen rendimiento

6.1.2. *Rentabilidad financiera*

La rentabilidad financiera, o rentabilidad propiamente dicha, es la relación entre el Beneficio Neto y los Capitales Propios.

$$\text{Rentabilidad} = \frac{\text{Beneficio Neto}}{\text{Capitales Propios}}$$

La rentabilidad es, para las empresas lucrativas, el ratio más importante ya que mide el beneficio neto generado en relación a la inversión de los propietarios de la empresa. Sin duda alguna, salvo raras excepciones, los propietarios de una empresa invierten en ella para obtener una rentabilidad suficiente. Por tanto, el ratio de la rentabilidad permite medir la evolución del principal objetivo del inversor.

A medida que el valor del ratio de rentabilidad sea mayor, mejor será esta. En cualquier caso, como mínimo ha de ser positiva.

6.1.3. *Descomposición de la rentabilidad*

Al igual que se ha hecho con el rendimiento, la rentabilidad también puede explicarse a partir de varios ratios.

Se puede descomponer la rentabilidad en 3 ratios si la multiplicamos por Ventas/Ventas y por Activo/Activo:

$$\text{Rentabilidad} = \underbrace{\frac{B.^\circ \text{ Neto}}{\text{Ventas}}}_{\text{Margen}} \times \underbrace{\frac{\text{Ventas}}{\text{Activo}}}_{\text{Rotación}} \times \underbrace{\frac{\text{Activo}}{\text{Cap. Propios}}}_{\text{Apalancamiento}}$$

En esta descomposición, el primer ratio es de margen, el segundo de rotación y el tercero de apalancamiento.

A partir de la descomposición anterior, si se quiere aumentar la rentabilidad se ha de:

1. Aumentar el margen: Elevando precios, reduciendo los gastos o ambos.

2. Aumentar la rotación: Vendiendo más, reduciendo el activo o ambos.

3. Aumentar el apalancamiento: Esto significa, aunque parezca un contrasentido, que se ha de aumentar la deuda para que la división entre el activo y los capitales propios sea mayor. Este tema se analiza a fondo en el punto siguiente.

A continuación, se detalla la descomposición de la rentabilidad media de una muestra de empresas representativas [5] de 4 países y Europa.

	Rentab.	=	$\frac{B.^\circ \text{ Neto}}{\text{Ventas}}$	×	$\frac{\text{Ventas}}{\text{Activo}}$	×	$\frac{\text{Activo}}{\text{Cap. prop.}}$
Europa	3,96	=	3	×	1	×	1,32
USA	14,8	=	3,8	×	1,11	×	3,5
Hong Kong	17	=	21,9	×	0,56	×	1,4
Malasia	18,5	=	19,7	×	0,47	×	2
Formosa	22,6	=	11,5	×	0,85	×	2,3

De las cifras anteriores se deduce que:

— Las empresas americanas son más rentables que las europeas por tener un mayor apalancamiento. Es decir, por tener una menor proporción de capitales propios.

---

[5] Fuente: M. Montebello. Revista Idea (Buenos Aires). Abril 1982.

— Las empresas de Hong Kong, Malasia y Formosa son más rentables que las anteriores porque, a pesar de tener poco apalancamiento y rotación, consiguen un gran margen.

Aun pueden hacerse descomposiciones mayores de la rentabilidad. En la descomposición siguiente se divide la rentabilidad en cinco ratios al multiplicarla por Ventas/Ventas, Activo/Activo, BAII/BAII y BAI/BAI.

$$\text{Rentab.} = \frac{\text{B.}^\text{o}\text{ Neto}}{\text{Cap. Prop.}} \times \frac{\text{Ventas}}{\text{Ventas}} \times \frac{\text{Activo}}{\text{Activo}} \times \frac{\text{BAII}}{\text{BAII}} \times \frac{\text{BAI}}{\text{BAI}}$$

Se cambia el orden de los factores:

$$\text{Rentab.} = \underbrace{\frac{\text{Ventas}}{\text{Activo}}}_{\text{Rotación}} \times \underbrace{\frac{\text{BAII}}{\text{Ventas}}}_{\text{Margen}} \times \underbrace{\frac{\text{Activo}}{\text{C. Pro.}} \times \frac{\text{BAI}}{\text{BAII}}}_{\text{Apalancamiento Financiero}} \times \underbrace{\frac{\text{B.}^\text{o}\text{ Neto}}{\text{BAI}}}_{\text{Efecto Fiscal}}$$

Con esta descomposición, denominada Método Parés, se puede explicar la rentabilidad a partir de la rotación, el margen, el apalancamiento financiero y el efecto fiscal.

La rotación y el margen ya han sido estudiados en puntos anteriores.

El *apalancamiento financiero* relaciona la deuda con los gastos financieros que ocasiona. Para que la proporción entre la deuda y los gastos financieros correspondientes sea favorable, el producto de los dos ratios ha de ser superior a 1. Esto es así, porque los dos ratios están multiplicando a los otros tres y si son superiores, la rentabilidad aumentará. Este tema se profundiza en el punto siguiente (6.2).

El *efecto fiscal* mide la repercusión que tiene el impuesto sobre el beneficio sobre la rentabilidad a la empresa.

Para que la rentabilidad aumente, cada uno de los ratios anteriores ha de crecer.

Esta descomposición permite explicar como se genera la rentabilidad. Supongase tres empresas que facilitan los datos siguientes:

	Rota. × Margen × Apalanca. × Efec. = Rentab.
	Financiero Fiscal
Emp. 1	1 × 0,125 × 2 × 1 = 0,25
Emp. 2	2 × 0,0625 × 2 × 1 = 0,25
Emp. 3	1 × 0,0625 × 4 × 1 = 0,25

Las tres empresas anteriores consiguen la misma rentabilidad del 25 %. No obstante, hay diferencias entre ellas:

— La primera empresa aventaja a las otras dos en margen.
— La segunda empresa en cambio, tiene muy buena rotación.
— Por último, la tercera empresa se distingue por su mayor apalancamiento financiero al tener una deuda más favorable.

6.2 Apalancamiento financiero.

El apalancamiento financiero se estudia al comprobar la relación entre deuda y capitales propios por un lado, y el efecto de los gastos financieros en la Cuenta de Explotación. En principio, el apalancamiento financiero es positivo cuando el uso de deuda permite aumentar la rentabilidad de la empresa. En este caso, la deuda es conveniente a la empresa.

Cuando una empresa amplía su deuda le disminuye el Beneficio Neto al aumentar los gastos financieros:

| Beneficio antes de Intereses e Impuestos |
| — Intereses (crecen al usar deuda) |
| Beneficio antes de Impuestos |
| — Impuestos |
| Beneficio Neto (disminuye al usar deuda) |

Por otro lado, al usar más deuda disminuye la proporción de Capitales Propios y, por tanto, el denominador del ratio de rentabilidad disminuye con lo que puede aumentar dicha rentabilidad:

$$\text{Rentabilidad} = \frac{\text{Beneficio Neto}}{\downarrow \text{Capitales Propios}}$$

Para que esto sea así, los Capitales propios han de disminuir más que el Beneficio neto.

Para ver si una empresa tiene un apalancamiento financiero positivo, se pueden utilizar los dos ratios siguientes:

$$\frac{\text{Beneficio antes Impuestos}}{\text{Beneficio antes Int. e Imptos.}} \times \frac{\text{Activo}}{\text{Capitales Propios}}$$

Como se ha visto en el punto anterior (6.1.3), estos dos ratios están incluidos en la descomposición de la rentabilidad. Para que la rentabilidad aumente por el uso de la deuda, el producto de estos dos ratios ha de ser superior a 1.

Cuando el producto de los dos ratios es inferior a 1 significa que la deuda no le conviene a la empresa por reducir su rentabilidad.

$$\boxed{\frac{\text{B.º a I}}{\text{B.º a II}} \times \frac{\text{Activo}}{\text{Cap. Propios}}} \begin{cases} > 1 : \text{la deuda aumenta la rentabilidad y, por tanto, es conveniente.} \\ < 1 : \text{la deuda no es conveniente.} \\ = 1 : \text{el efecto de la deuda no altera la rentabilidad.} \end{cases}$$

A continuación, se estudia un ejemplo para ver cuales son los factores que influyen en el apalancamiento financiero. Como se verá, cuando la rentabilidad aumenta por el uso de la deuda, los dos ratios del apalancamiento multiplicados son superiores a 1.

Supóngase tres empresas que tienen el mismo activo pero diferentes proporciones de deuda:

	Empresa A	*Empresa B*	*Empresa C*
ACTIVO	400	400	400
CAPITAL	400	200	1
DEUDA	—	200	399

Las tres empresas generan el mismo beneficio antes de intereses e impuestos pero las que tienen deuda pagan el 20 % de intereses. Los impuestos ascienden al 33 % del Beneficio antes de Impuestos:

BAII	100	100	100
— Intereses (20 %)	—	40	80
BAI	100	60	20
— Impuestos (33 %)	33	20	6,6
Beneficio Neto	67	40	13,4

La rentabilidad aumenta con el uso de la deuda:

RENTABILIDAD:

	A	B	C
$\dfrac{\text{B.º Neto}}{\text{Capital}}$	$\dfrac{67}{400} = 16\ \%$	$\dfrac{40}{200} = 20\ \%$	$\dfrac{13,4}{1} = 1.340\ \%$

Los ratios de apalancamiento indican el aumento de la rentabilidad.

APALANCAMIENTO:

	A	B	C
$\dfrac{\text{BAI}}{\text{BAII}} \times \dfrac{\text{Activo}}{\text{Capital}}$	$1 \times 1 = 1$	$0,6 \times 2 = 1,2$	$0,2 \times 400 = 80$

La empresa A tiene el apalancamiento igual a 1 por no tener deuda. En cambio, las otras dos empresas lo tienen superior a 1 por serles beneficioso el uso de deuda.

El apalancamiento depende del BAII

El uso de la deuda no es siempre positivo. Veamos lo que ocurre al tener un menor beneficio antes intereses e impuestos:

	A	*B*	*C*
ACTIVO	400	400	400
CAPITAL	400	200	1
DEUDA	—	200	399

BAII	50	50	50
— Intereses (20 %)	—	40	80
BAI	50	10	—30
— Impuestos (33 %)	16,5	3,3	—
Beneficio Neto	33,5	6,7	—30

RENTABILIDAD:	A	B	C
$\dfrac{\text{B.}^\circ \text{ Neto}}{\text{Capital}}$	$\dfrac{33,5}{400} = \mathbf{8,3\ \%}$	$\dfrac{6,7}{200} = \mathbf{3,3\ \%}$	NEGATIVA

APALANCAMIENTO:	A	B	C
$\dfrac{\text{BAI}}{\text{BAII}} \times \dfrac{\text{Activo}}{\text{Capital}}$	$1 \times 1 = \mathbf{1}$	$0,2 \times 2 = \mathbf{0,4}$	NEGATIVO

Como se puede apreciar en los datos anteriores, al tener un menor beneficio no es conveniente el uso de deuda. Las empresas B y C reducen su rentabilidad por usar deuda. Los ratios de apalancamiento diagnostican esta situación de B y C al ser menores que 1.

El apalancamiento depende del coste financiero

El coste de la deuda también influye en el apalancamiento financiero. Si la deuda tiene un coste menor es más probable que el uso de la deuda sea positivo, veamos:

	A	*B*	*C*
ACTIVO	400	400	400
CAPITAL	400	200	1
DEUDA	—	200	399

Supóngase, siguiendo con el ejemplo anterior, que la deuda tiene un coste anual del 10 %, en lugar del 20 %.

	A	B	C
BAII	50	50	50
— Intereses (10 %)	—	—20	—40
BAI	50	30	10
— Impuestos (33 %)	16,5	10	3,3
Beneficio Neto	33,5	20	6,7

RENTABILIDAD:

	A	B	C
$\dfrac{\text{B.}^\circ \text{ Neto}}{\text{Capital}}$	$\dfrac{33,5}{400} = 8,3\,\%$	$\dfrac{20}{200} = 10\,\%$	$\dfrac{6,7}{1} = 670\,\%$

APALANCAMIENTO:

	A	B	C
$\dfrac{\text{BAI}}{\text{BAII}} \times \dfrac{\text{Activo}}{\text{Capital}}$	$1 \times 1 = 1$	$0,6 \times 2 = 1,2$	$0,2 \times 400 = 80$

En este caso, la rentabilidad vuelve a crecer al usar deuda. Los ratios de apalancamiento de B y C vuelven a ser superiores a 1.

El apalancamiento depende del volumen de deuda

La cantidad de deuda influye también en el apalancamiento. Siguiendo con el ejemplo anterior, supóngase que el volumen del balance es el doble:

	A	*B*	*C*
ACTIVO	800	800	800
CAPITAL	800	400	1
DEUDA	—	400	799
BAII	50	50	50
— Intereses (10 %)	—	40	80
BAI	50	10	—30
— Impuestos (33 %)	16,5	3,3	—
Beneficio Neto	33,5	6,7	—30

RENTABILIDAD:

	A	B	C
$\dfrac{\text{B.}^\circ \text{ Neto}}{\text{Capital}}$	$\dfrac{33,5}{800} = 4,1\,\%$	$\dfrac{6,7}{400} = 1,6\,\%$	NEGATIVA

APALANCAMIENTO:

	A	B	C
$\dfrac{BAI}{BAII} \times \dfrac{Activo}{Capital}$	$1 \times 1 = 1$	$0,2 \times 2 = 0,4$	NEGATIVO

En este caso, el uso de la deuda vuelve a ser no aconsejable y así lo demuestran los ratios de apalancamiento de B y C al ser menores que 1.

En resumen, el apalancamiento financiero depende del beneficio antes de intereses e impuestos, del coste de la deuda y del volumen de esta. Asimismo, para diagnosticar el apalancamiento financiero se pueden utilizar los dos ratios siguientes que para que la deuda sea favorable su producto ha de ser mayor que 1:

$$\dfrac{BAI}{BAII} \times \dfrac{Activo}{Capital}$$

Volviendo a considerar algunos de los ratios estudiados en el capítulo 4, acerca del endeudamiento, se puede diagnosticar este a partir del análisis de los ratios siguientes:

Ratio	Forma de Cálculo	Valor óptimo
Endeudamiento	$\dfrac{Total\ Deuda}{Total\ Pasivo}$	Entre 0,5 y 0,6
Calidad de la deuda	$\dfrac{Exigible\ a\ c.\ plazo}{Total\ Deuda}$	En general cuanto menor sea mejor
Capacidad de devolución de préstamos	$\dfrac{B^\circ\ Neto\ +\ Amort.}{Préstamos\ recibidos}$	Cuanto mayor sea mejor
Gastos Financieros	$\dfrac{Gastos\ Financieros}{Ventas}$	Menor de 0,05
Apalancamiento Financiero	$\dfrac{BAI}{BAII} \times \dfrac{ACTIVO}{C.\ Propios}$	Mayor que 1

Seguidamente, se diagnosticará la situación de endeudamiento de 5 empresas a partir de los ratios anteriores:

Ratio	A	B	C	D	E
Endeudamiento	0,8	0,2	0,2	0,8	0,5
Calidad de la deuda	1	0,7	0,7	1	0,7
Capacidad de devolución de préstamos	7	0,6	4	1,5	4
Gastos Financieros	0,06	0,03	0,03	0,06	0,03
Apalancamiento Financiero	2	0,6	1,5	0,8	1,2

A partir de los datos anteriores se puede hacer el siguiente diagnóstico:

Empresa A: Tiene mucha deuda y toda a corto plazo. La deuda le sale muy cara. No obstante, tiene una gran capacidad para devolverla y además el apalancamiento es muy positivo. Conclusión: A pesar del riesgo, la deuda le es favorable.

Empresa B: Tiene poca deuda y poco gasto financiero. No obstante, tiene poca capacidad para devolverla y su apalancamiento es negativo. Conclusión: La deuda no le conviene.

Empresa C: Igual que B pero con gran capacidad para devolver la deuda y apalancamiento positivo. La deuda le es muy favorable.

Empresa D: Igual que A pero con poca capacidad para devolver la deuda y apalancamiento negativo. Conclusión: La deuda no le conviene.

Empresa E: Todos los ratios están equilibrados. Conclusión: La deuda le es favorable.

6.3. Autofinanciación

La autofinanciación, recursos invertidos en la empresa generados por ella misma, es una de las claves para la buena marcha de la empresa.

La capacidad de autofinanciación viene dada por la suma entre el beneficio neto y las amortizaciones (o flujo de caja, ver 2.3).

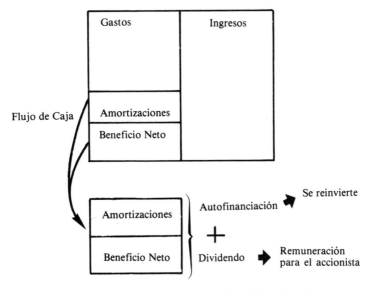

La autofinanciación es la parte del flujo de caja que se reinvierte en la propia empresa. Cuanto mayor sea la autofinanciación significa que la empresa tiene una mayor independencia financiera respecto a terceros (propietarios, acreedores, bancos, etc).

Para diagnosticar la autofinanciación, se pueden utilizar los ratios siguientes:

— *Ratio de autofinanciación generada:* Es el flujo de caja dividido por las ventas:

$$\frac{\text{Autofinanciación generada}}{\text{sobre Ventas}} = \frac{\text{B.}^\circ \text{ Neto + Amortizaciones}}{\text{Ventas}}$$

Cuanto mayor sea este ratio indica que la empresa genera más fondos con las ventas.

Un ratio semejante al anterior es el que divide el flujo de caja por el total del activo:

$$\frac{\text{Autofinanciación generada}}{\text{sobre el Activo}} = \frac{\text{B.}^\circ \text{ Neto + Amortizaciones}}{\text{Activo}}$$

Al igual que el otro ratio, cuanto mayor sea el valor de éste será indicador de una situación más favorable.

— *Ratio de política de dividendo:* Divide los dividendos por el beneficio neto del mismo período:

$$\text{Política de dividendo (PAY - OUT)} = \frac{\text{Dividendos}}{\text{Beneficio Neto}}$$

Cuanto mayor sea el ratio, menor será la autofinanciación de la empresa.

— *Ratio de política de autofinanciación:* Divide el dividendo por el flujo de caja:

$$\text{Política de autofinanciación} = \frac{\text{Dividendos}}{\text{B.º Neto + Amortizaciones}}$$

Cuanto mayor sea el ratio, menor será la autofinanciación de la empresa.

Tanto en este ratio como en el anterior, se han de equilibrar los intereses de la empresa con los de los accionistas.

— *Ratio de autofinanciación de las inversiones:* Divide la autofinanciación por las inversiones efectuadas en el mismo período:

$$\text{Autofinanciación de las inversiones} = \frac{\text{B.º Neto + Amortizaciones — Dividendo}}{\text{Inversiones}}$$

Cuanto mayor sea el valor del ratio será más positivo.

6.4. Tipología del crecimiento empresarial

En base a todos los temas que se han estudiado hasta este punto, se pueden distinguir las principales formas de crecimiento [6] de las empresas:

---

6. Analyse financière, J. Peyrard. Vuibert Gestion. Paris, 1983.

Tipo de crecimiento	Expansión de ventas	Endeudamiento	Rentabilidad	Rendimiento
Equilibrado	Es superior a la inflación. Por tanto las ventas crecen en términos reales.	Es equilibrado en cantidad, calidad y coste. Además, el apalancamiento financiero es positivo. La autofinanciación es importante.	Elevada	Elevado
Excesivamente rápido	Muy elevado y superior a la inflación.	El endeudamiento es excesivo en cantidad y coste. La autofinanciación es insuficiente.	Es elevado pero decreciente por el aumento de los gastos financieros.	Disminuye por crecer más rápido los stocks y clientes que las ventas.
Huida hacia delante	Normal	Crece el endeudamiento para financiar nuevas inversiones muy elevadas. Poca autofinanciación.	Débil al principio. No obstante, las deudas crecientes la convertirán en pérdidas.	Débil por las elevadas inversiones poco rentables.

Tipo de crecimiento	Expansión de ventas	Endeudamiento	Rentabilidad	Rendimiento
Exceso de estructura	Estancadas	Endeudamiento excesivo y poca autofinanciación.	Débil por el exceso de gastos fijos y los elevados gastos financieros.	Débil por la elevada estructura poco rentable.
Débil	Es menor al de la competencia.	Normal	Escasa y no permite invertir, ni investigar ni desarrollar nuevos productos.	Normal
Externo	Baja porque el mercado ya está saturado.	Normal	Aceptable. No obstante, a causa de las pocas expectativas de mejorar, se reinvierte en otros sectores.	Normal

Nótese que de los seis tipos de crecimiento descritos, todos son muy peligrosos excepto el Equilibrado y el Externo.

7
Análisis del fondo de maniobra

7.1. Concepto e importancia de Fondo de Maniobra

El estudio del Fondo de Maniobra, diferencia entre el Activo Circulante y el Exigible a corto plazo, es una etapa indispensable del análisis financiero, ya que permite conocer la estructura patrimonial que más conviene a una empresa en concreto.

Activo Circulante — Exigible a corto = Fondo de Maniobra

Mientras que en los ratios que se han estudiado en capítulos anteriores se proponían valores ideales en general, el estudio del Fondo de Maniobra concreta para cada empresa su específica situación ideal.

El Fondo de Maniobra es una garantía para la estabilidad de la empresa ya que desde el punto de vista de financiación, es aquella parte del Activo Circulante que es financiada con recursos permanentes:

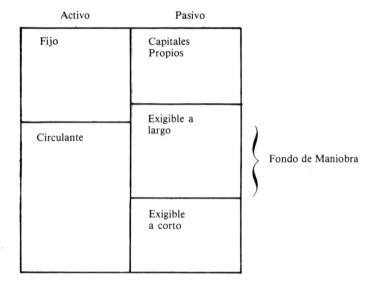

Tal como se puede comprobar en el gráfico superior, el Fondo de Maniobra también puede calcularse restando el Activo Fijo a los Capitales propios más el Exigible a largo y medio plazo.

Fondo de Maniobra = Capitales Propios + Exigible a largo y medio — Activo Fijo

---

O lo que es lo mismo:

Fondo de Maniobra = Recursos Permanentes — Activo Fijo

En general, el Fondo de Maniobra ha de ser positivo ya que si no, se daría la circunstancia de que el Activo Fijo estaría financiado con Exigible a corto plazo lo cual llevaría a una suspensión de pagos.

El Fondo de Maniobra es negativo cuando el Activo Circulante es menor que el Exigible a corto plazo:

```
                    Activo         Pasivo
                 ┌──────────┬──────────────┐
                 │ Activo   │ Recursos     │
                 │ Fijo     │ Permanentes  │
                 │          │              │
                 │          ├──────────────┤
Fondo de Maniobra⎫          │ Exigible     │
Negativo         ⎭          │ a corto      │
                 │          │              │
                 ├──────────┤              │
                 │ Activo   │              │
                 │ Circulante│             │
                 │          │              │
                 └──────────┴──────────────┘
```

El Fondo de Maniobra ha de ser positivo porque hay una parte del Activo Circulante, como el stock de seguridad o el saldo mínimo necesario de disponible, que a causa de su permanencia en el tiempo podría considerarse como una inversión a largo plazo. Precisamente, esta parte del Activo Circulante, que en cierto modo es una inversión a largo plazo, ha de ser financiada con recursos permanentes o sea, con Fondo de Maniobra positivo.

En el capítulo 3 se decía que, en general, el Activo Circulante había de ser casi el doble que el Exigible a corto plazo. Por tanto, el Fondo de Maniobra había de ser positivo y casi igual al Exigible a corto plazo; como se puede ver en el gráfico siguiente:

```
       Activo         Pasivo
   ┌──────────┬──────────────┐
   │ Activo   │ Recursos     │
   │ Fijo     │ Permanentes  │
   ├──────────┤              │
   │ Activo   │              │⎫
   │ Circulante│             │⎬ Fondo de Maniobra
   │          │              │⎭
   │          ├──────────────┤
   │          │ Exigible     │
   │          │ a corto      │
   └──────────┴──────────────┘
```

87

El principio anterior, que es válido en general, no es aplicable a todas las empresas.

A continuación, se demuestra con un ejemplo las limitaciones del principio mencionado.

Supóngase una empresa que cobra de los clientes a los 30 días y paga a los proveedores a los 90 días. Además, no invierte en stocks ni en disponible. Su balance último es el siguiente:

Activo		Pasivo	
Fijo	40	Recursos Propios	20
Clientes	20	Proveedores	40
	60		60

El gráfico del balance anterior sería:

```
┌─────────────┬─────────────┐
│ Fijo        │ Recursos    │
│ 40          │ Propios     │
│             │ 20          │
│             ├─────────────┤
│             │ Proveedores │
│             │ 40          │
├─────────────┤             │
│ Clientes    │             │
│ 20          │             │
└─────────────┴─────────────┘
```

Como se puede comprobar, el Fondo de Maniobra es negativo:

$$\text{Fondo de Maniobra} = \text{Activo Circulante} - \text{Exigible a corto}$$
$$-20 = 20 - 40$$

Calculado de la otra forma:

$$\text{Fondo de Maniobra} = \text{Recursos permanentes} - \text{Activo Fijo}$$
$$-20 = 20 - 40$$

Si el Fondo de Maniobra es negativo, según el principio mencionado, la empresa está en peligro de suspensión de pagos. No obstante, en este ejemplo, la empresa cobraría 20 en el próximo mes y en cambio sólo pagaría 13 en el mismo plazo. Si la diferencia entre los plazos de pago y cobro y las demás características se mantienen, esta empresa no tiene porqué suspender pagos. Dado que el plazo de cobro es de 30 días y el plazo de pago es de 90 días, en el próximo mes se cobrará la totalidad del saldo de clientes, o sea 20 y sólo se pagará la tercera parte de la deuda con los proveedores, o sea 13.

La empresa del ejemplo puede tener Fondo de Maniobra negativo sin peligro de suspensión de pagos. Por tanto, para conocer en cada caso concreto cuál es la estructura de balance conveniente, se ha de estudiar cual es el Fondo de Maniobra necesario para cada empresa.

A pesar del ejemplo que se acaba de mencionar, en general, el Fondo de Maniobra nunca ha de ser negativo en prevención de problemas de liquidez.

7.2. Las necesidades de Fondo de Maniobra

7.2.1. *Ciclo de Maduración y ciclo de caja*

El estudio del Ciclo de Maduración de la empresa es un paso previo que se requiere para conocer el Fondo de Maniobra necesario.

El Ciclo de Maduración es el plazo, en días, que transcurre entre que se compra la materia prima hasta que se cobra del cliente; pasando por el proceso de producción, almacenamiento y venta. Gráficamente se podría expresar como sigue:

Si se trata de una empresa comercial, al no existir producción, el ciclo se inicia con los stocks de productos acabados. Las empresas de servicios, al no tener stocks, no suelen utilizar este tipo de análisis.

En el esquema anterior se puede comprobar la existencia de un plazo entre que se adquieren los materiales y se cobra de los clientes. Esto significa que acostumbra a existir un intérvalo en el ciclo en el cual la empresa sólo hace que invertir fondos para los pagos de la explotación (de compras, sueldos, otros gastos, etc) hasta que al final del ciclo lo empieza a recuperar con los pagos de los clientes. Este intérvalo es el ciclo de caja:

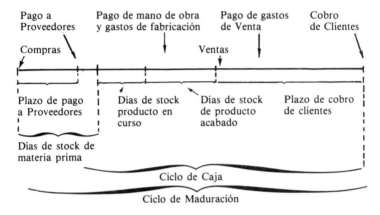

En el gráfico anterior se puede comprobar que el ciclo de caja, período en el que la empresa ha de financiar su explotación, se puede calcular a partir de los plazos de cobro, pago y stocks.

Ciclo de Caja = N.º de días de stock de materia − Plazo de pago proveedores + N.º de días stock de producto en curso + N.º de días de stock de producto acabado + Plazo de cobro de clientes

El número de días del plazo de pago a proveedores se resta porque dicho plazo es la financiación automática que se obtiene de ellos.

Ejemplos:

— Una empresa facilita los datos siguientes:

Núm. de días de almacenam. de las mat. primas	= 28
Núm. de días que dura la produc. (prod. en curso)	= 20
Núm. de días de almacenam. de los produc. acab.	= 30
Plazo de pago a proveedores	= 15
Plazo de cobro de clientes	= 60

El ciclo de caja será:
28 días + 20 días + 30 días - 15 días + 60 días = 123 días.

Por tanto, esta empresa tarda 123 días entre los primeros desembolsos de la explotación y los cobros de los clientes. Para poder soportar esta situación se precisa un Fondo de Maniobra positivo.

— Un Supermercado facilita los datos siguientes:

No hay produc. ya que únicamente comercializa.	
Número de días de almacenamiento de las Mercaderías (productos acabados)	= 15
Las ventas se cobran al contado	
El plazo de pago a proveedores	= 45

El ciclo de caja será:

15 días - 45 días = -30 días

En este caso, dado que el ciclo de caja es negativo se obtiene más financiación de proveedores que la que se necesita. Por tanto, el Fondo de Maniobra puede ser negativo. Esta circunstancia se suele dar también en empresas de venta por correspondencia y empresas de prensa con suscriptores.

7.2.2. Cálculo de los ratios de plazos

Para calcular cada uno de los plazos del ciclo de caja se ha de dividir la inversión correspondiente (el saldo de clientes más efectos para el plazo de cobro, por ejemplo) por el movimiento anual de dicha inversión (las ventas para dicho plazo) y todo ello multiplicando por 365 días.

$$\text{Plazo de cobro} = \frac{\text{Clientes} + \text{Efectos}}{\text{Ventas}} \times 365 \text{ días}$$

Del mismo modo se calcularía el plazo de pago, como ya se estudió en el capítulo 4.

$$\text{Plazo de pago} = \frac{\text{Proveedores}}{\text{Compras}} \times 365 \text{ días}$$

El número de días promedio en que están almacenadas las materias primas se calcula a partir del saldo medio de stock de materias primas y de las compras anuales.

$$\text{Plazo de Almacenamiento de las materias primas} = \frac{\text{Stock de materias primas}}{\text{Compras}} \times 365 \text{ días}$$

Para los plazos de almacenamiento de los productos en curso y acabados se ha de dividir por el coste de Fabricación anual y por el coste de ventas, respectivamente, ya que dichos stocks están valorados a precio de coste.

$$\text{Plazo de Almacenamiento de los productos en curso} = \frac{\text{Stock de productos en curso}}{\text{Fabricación}} \times 365 \text{ días}$$

$$\text{Plazo de almacenamiento de los productos acabados} = \frac{\text{Stock de productos acabados}}{\text{Coste de Ventas}} \times 365 \text{ días}$$

En el ratio anterior, al Coste de Ventas se le ha de deducir los Gastos proporcionales de Ventas que se producirán al vender los productos acabados.

La inversión necesaria para financiar el ciclo de caja es función de los plazos anteriores:

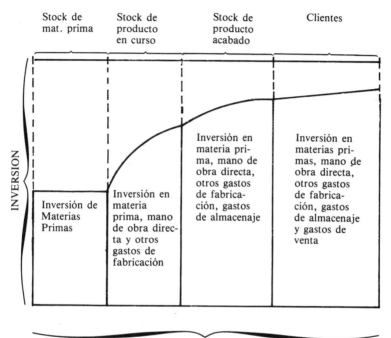

Como se puede apreciar en el gráfico anterior, la inversión precisa para financiar la explotación va creciendo a medida que se alarga el ciclo de maduración.

Al iniciarse el ciclo se ha de invertir en las materias primas almacenadas. Cuando se inicia la producción, la inversión en materias primas va acompañada de los gastos de fabricación y la mano de obra directa que aumentan a medida que avanza el proceso productivo. Al finalizar la producción, y mientras no se venda ésta, se ha de invertir en los productos acabados que incorporan las materias primas, mano de obra directa y gastos de fabricación, o sea, el coste de ventas menos los gastos proporcionales de venta. Una vez se ha producido la venta y mientras no se cobre del cliente se ha de invertir en el coste de ventas que incluye también los gastos proporcionales de venta.

El crédito de proveedores y el plazo de pago de los gastos de la explotación es una financiación instantánea que reduce las necesidades financieras del ciclo de Caja, es decir, las necesidades de Fondo de Maniobra.

A la inversión anterior habría que añadir los saldos de tesorería que se han de mantener para poder hacer frente a todos los pagos.

7.2.3. *Cálculo del Fondo de Maniobra necesario*

Para calcular el Fondo de Maniobra que necesita una empresa se pueden seguir varios métodos. El más fiable es el que se detalla a continuación y que tiene las siguientes etapas:

1.º Cálculo de los plazos que forman el ciclo de maduración.
- Stock de materias primas.
- Stock de productos en curso.
- Stock de productos acabados.
- Financiación a clientes.
- Financiación de proveedores y otros gastos de la explotación.

2.º Conversión de los plazos anteriores en días de venta a precio de venta.

3.º Cálculo del número de días de venta a precio de venta a financiar.

4.º Convertir en unidades monetarias los días a financiar para obtener las necesidades de Fondo de Maniobra.

Veamos con un ejemplo el método anterior:

Supóngase una empresa que quiere conocer su Fondo de Maniobra necesario para lo cual facilita los datos siguientes:

— Ventas anuales: 200.000.000 ptas.

— *Plazos del ciclo de maduración:*

Materia Prima:	10 días.
Producto en curso:	20 días.
Producto acabado:	25 días.
Plazo pago proveedores:	60 días.
Plazo pago gastos:	10 días.
Plazo cobro de clientes:	90 días.

—La materia prima es el 20 % del precio de venta.
—La mano de obra directa y los otros gastos representan el 60 % del precio de venta.

Dado que se conocen los plazos que forman el Ciclo de Maduración ya se pueden convertir éstos en días de venta a precios de venta. Para ello, se ha de multiplicar cada uno de los plazos del Ciclo de Maduración por el porcentaje que represente su inversión con respecto a las ventas.

Así, las materias primas representan el 20 % de las ventas. Los productos en curso, productos acabados y clientes representan el 80 % de las ventas (20 % de materia prima más 60 % de mano de obra directa y otros gastos).

Los proveedores representan el 20 % de las ventas y los gastos el 60 %.

Materia Prima: 10 días × 0,20	=	2 días.
Producto en curso: 20 días × 0,80	=	16 días.
Producto acabado: 25 días × 0,80	=	20 días.
Clientes: 90 días × 0,80	=	72 días.
Proveedores: 60 días × 0,20	=	12 días.
Gastos: 10 días × 0,60	=	6 días.

Seguidamente, podemos pasar a la tercera etapa y calcular el número de días a financiar, o sea el ciclo de caja pero en días de venta:

Materia Prima	+2 días.
Producto en curso	+16 días.
Producto acabado	+20 días.
Clientes	+72 días.
Proveedores	—12 días.
Gastos	—6 días.
Días de venta a financiar	+92 días.

Por último, ya se pueden calcular las necesidades de Fondo de Maniobra multiplicando el número de días de ventas a financiar por la venta diaria:

$$\frac{\text{Venta}}{\text{diaria}} = \frac{\text{Ventas anuales}}{365 \text{ días}} = \frac{200.000.000}{365} = 547.945 \text{ ptas/día.}$$

$$\begin{aligned}\text{Fondo de maniobra necesario} &= \text{N.º de días de venta a financiar} \times \text{Venta diaria} = \\ &= 92 \times 547.945 \text{ ptas./día} = \\ &= 50.410.940 \text{ ptas.}\end{aligned}$$

Por tanto, esta empresa necesita un Fondo de Maniobra de 50.410.940 ptas., aproximadamente.

Hay otro método para calcular el Fondo de Maniobra necesario a partir del Balance de Situación. Este método, que es mucho más sencillo que el anterior, sigue el proceso siguiente:

1.º Cálculo de todos los activos circulantes del Balance que forman parte del Ciclo de Maduración. Entre éstos se incluyen los stocks, saldos de clientes y efectos a cobrar de clientes.

2.º Cálculo de todos los exigibles del Balance que forman parte del Ciclo de Maduración. Como son los Proveedores y otras deudas de explotación a corto plazo.

3.º El Fondo de Maniobra necesario es la diferencia entre los Activos Circulantes y Exigibles a corto anteriores:

```
   Stocks
 + Clientes
 + Efectos a Cobrar
 − Proveedores
 − Deudas de Explotación
 = Fondo de Maniobra necesario
```

El Fondo de Maniobra que necesita una empresa para no tener problemas de liquidez es el Fondo de Maniobra necesario. El Fondo de Maniobra que realmente tiene una empresa es el Fondo de Maniobra aparente. Normalmente, ambos Fondos de Maniobra no coinciden (ver 7.3.) Si se analiza el último método estudiado para calcular el Fondo de Maniobra Necesario se podrá comprobar que éste será diferente al Fondo de Maniobra Aparente porque en el Activo Circulante habrá activos que no se han considerado en el paso 1 (inversiones financieras, disponible, etc.) y en el Exigible a corto plazo habrá deudas que no se habrán incluido en el paso 2 (acreedores, préstamos bancarios, etc.).

7.3. Relación entre Fondo de Maniobra aparente y necesario

El Fondo de Maniobra aparente es el que la empresa tiene realmente y que se puede obtener del último Balance de Situación. Como ya se vio anteriormente, el Fondo de Maniobra aparente se calcula restando el Exigible a corto al Activo Circulante o bien restando el Activo Fijo a los Recursos Permanentes.

Fondo de Maniobra ⟨ Activo Circulante — Exigible a Corto
Recursos Permanentes — Activo Fijo

Veámoslo gráficamente:

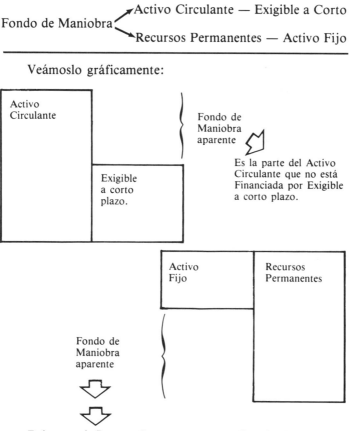

Es la parte de Recursos Permanentes que no financia el Activo Fijo.

En cambio, el Fondo de Maniobra necesario que se calcula como se ha estudiado en 7.2.3., es el que realmente necesita la empresa.

Si el Fondo de Maniobra aparente, que realmente tiene la empresa, es menor que el Fondo de Maniobra necesario, que debería tener, hay un déficit de Fondo de maniobra. En caso contrario, existe un superávit de Fondo de Maniobra.

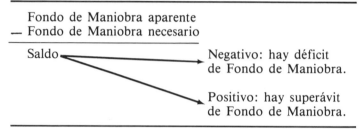

Si ambos Fondos de Maniobra, aparente y necesario, coinciden la situación es correcta.

Cuando hay déficit de Fondo de Maniobra se ha de tomar alguna de las medidas siguientes o una combinación de ellas para evitar la suspensión de pagos y los problemas de liquidez:

— Reducir los plazos del ciclo de maduración para disminuir las necesidades de Fondo de Maniobra.
— Aumentar el Capital Propio o el Exigible a largo plazo.
— Vender Activo Fijo.
— Reducir el Exigible a corto plazo.

Si hay superávit de Fondo de Maniobra, el principal problema existente es que pueden estar infrautilizados algunos elementos del Activo Circulante. En este caso, se deberían tomar algunas de las medidas siguientes:

— Rentabilizar al máximo la inversión en Activo Circulante.
— Reducción de Capitales Permanentes.

La evolución de las necesidades de Fondo de Maniobra se puede controlar con el ratio:

$$\frac{\text{Necesidades de Fondo de Maniobra}}{\text{Ventas}}$$

Este ratio relaciona las ventas con las necesidades de Fondo de Maniobra para financiarlas. Para reducir los problemas de liquidez es de interés que el ratio anterior sea lo menor posible.

7.4. Relación entre el Fondo de Maniobra y el Estado de Origen y Aplicación de Fondos

La evolución del Fondo de Maniobra es consecuencia del origen y la aplicación de los recursos. Es por este motivo que, es muy útil analizar la evolución del Fondo de Maniobra a partir del Estado de Origen y Aplicación de Fondos que se detalla a continuación.

En dicho estado financiero, que es una variante del que se estudió en el capítulo 3, se puede comprobar que las variaciones del Fondo de Maniobra se deben a las variaciones de la autofinanciación, Activo Fijo y Capital Permanente, que coinciden con las variaciones del Activo Circulante y Exigible a corto plazo.

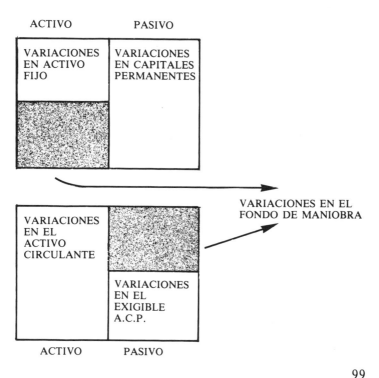

El análisis de las variaciones de Fondo de Maniobra o Capital Circulante permite comprobar si la evolución de la empresa, en lo que respecta a la inversión y financiación es equilibrada o no. En general, conviene que las inversiones en activo fijo (aplicaciones) estén suficientemente financiadas con recursos procedentes de las operaciones (beneficios, amortizaciones), y por tanto que hayan aumentos de capital circulante.

El Cuadro de Financiación incluido en el Nuevo Plan General de Contabilidad suministra la información suficiente para hacer este análisis (ver página siguiente).

Cuadro de Financiación Ejercicio ....

APLICACIONES	Ejercicio N	Ejercicio N-1	ORÍGENES	Ejercicio N	Ejercicio N-1

1. Recursos aplicados en las operaciones.
2. Gastos de establecimiento y formalización de deudas.
3. Adquisiciones de inmovilizado.
   a) Inmovilizaciones inmateriales.
   b) Inmovilizaciones materiales.
   c) Inmovilizaciones financieras.
      c1) Empresas del grupo.
      c2) Empresas asociadas.
      c3) Otras inversiones financieras.
4. Adquisición de acciones propias.
5. Reducciones de capital.
6. Dividendos.
7. Cancelación o traspaso a corto plazo de deuda a largo plazo
   a) Empréstitos y otros pasivos análogos.
   b) De empresas del grupo.
   c) De empresas asociadas.
   d) De otras deudas.
   e) De proveedores de inmovilizado y otros.
8. Provisiones para riesgos y gastos.
			1. Recursos procedentes de las operaciones.
			2. Aportaciones de accionistas.
			   a) Ampliaciones de capital.
			   b) Compensación para pérdidas.
			3. Subvenciones de capital.
			4. Deudas a largo plazo.
			   a) Empréstitos y otros pasivos análogos.
			   b) De empresas del grupo.
			   c) De empresas asociadas.
			   d) De otras empresas.
			   e) De proveedores de inmovilizado y otros.
			5. Enajenación de inmovilizado.
			   a) Inmovilizaciones inmateriales.
			   b) Inmovilizaciones materiales.
			   c) Inmovilizaciones financieras.
			      c1) Empresas del grupo.
			      c2) Empresas asociadas.
			      c3) Otras inversiones financieras.
			6. Enajenación de acciones propias.		

	7. Cancelación anticipada o traspaso a corto plazo de inmovilizaciones financieras.
	  a) Empresas del grupo.
	  b) Empresas asociadas.
	  c) Otras inversiones financieras.

TOTAL APLICACIONES EXCESO DE ORÍGENES SOBRE APLICACIONES (AUMENTO DE CAPITAL CIRCULANTE)	TOTAL ORÍGENES EXCESO DE APLICACIONES SOBRE ORÍGENES (DISMINUCIÓN DEL CAPITAL CIRCULANTE)

VARIACIÓN DE CAPITAL CIRCULANTE	Ejercicio N		Ejercicio N-1	
	Aumentos	Disminuciones	Aumentos	Disminuciones
1. Accionistas por desembolsos exigidos. 2. Existencias. 3. Deudores. 4. Acreedores. 5. Inversiones financieras temporales. 6. Acciones propias. 7. Tesorería. 8. Ajustes por periodificación. TOTAL VARIACIÓN DEL CAPITAL CIRCULANTE				

8
Análisis con datos sectoriales

8.1. La influencia del sector económico en los estados financieros de la empresa

En los capítulos anteriores se han proporcionado pautas de tipo general para interpretar los estados financieros. Como ya se ha advertido, dichos datos ideales eran válidos para la mayoría de las empresas pero no para todas.

Por este motivo, en el capítulo séptimo se ha comprobado cómo el Fondo de Maniobra necesario ha de ser calculado de forma específica para cada empresa para conocer cuál es la relación que ha de haber entre el Activo Circulante y el Exigible a corto plazo.

Del mismo modo, los datos de tipo general han de ser profundizados con el estudio de los sectoriales. No se ha de olvidar que las condiciones de pago y cobro, el ciclo de producción, la competencia, etc., están muy influidos por el sector concreto en el que trabaja la empresa. En los gráficos siguientes[7], se puede comprobar que la estructura del Activo y del Pasivo depende del sector en que opera la empresa:

---

7. "Financial Management". R.W. Johnson. Allyn and Bacon Inc. (Boston). Datos sobre empresas estadounidenses.

ESTRUCTURA DEL ACTIVO SEGUN SECTORES:

SECTOR CONSTRUCCION	INDUSTRIAS MANUFACTURERAS	EMPRESAS COMERCIALES	SECTOR SERVICIOS
ACTIVO FIJO	ACTIVO FIJO	ACTIVO FIJO	ACTIVO FIJO
EXISTENCIAS	EXISTENCIAS	EXISTENCIAS	EXISTENCIAS
REALIZABLE	REALIZABLE	REALIZABLE	REALIZABLE
DISPONIBLE	DISPONIBLE	DISPONIBLE	DISPONIBLE

Fuente: "Financial Management". R.W. Johnson. Allyn and Bacon Inc. (Boston). Datos sobre empresas americanas.

ESTRUCTURA DEL PASIVO SEGUN SECTORES:

CONSTRUCCION	INDUSTRIAS MANUFACTURERAS	EMPRESAS COMERCIALES	SECTOR SERVICIOS
NO EXIGIBLE	NO EXIGIBLE	NO EXIGIBLE	NO EXIGIBLE
EXIG. LP	EXIG. LP	EXIG. LP	EXIG. LP
EXIG. CP	EXIG. CP	EXIG. CP	EXIG. CP

Fuente: "Financial Management". R.W. Johnson. Allyn and Bacon Inc. (Boston). Datos sobre empresas americanas.

La influencia del sector económico no sólo alcanza al Balance de Situación, sino también a la Cuenta de Resultados.

En consecuencia, los estados financieros y los ratios han de ser estudiados en función del sector.

8.2. Obtención de datos ideales del sector[8]

Para obtener los datos ideales que han de intentar tener las empresas de un sector concreto se puede proceder de la siguiente forma:

1. Se han de conseguir los estados financieros reales del máximo número de empresas del sector. Es imprescindible obtener datos de empresas que tengan excelentes resultados económicos y de empresas que tengan problemas económico-financieros.

2. Se han de estudiar las características comunes de las empresas con buenos resultados. Del mismo modo, se ha de proceder con las que tienen problemas.

Estas características comunes han de hacer referencia a:

- liquidez
- endeudamiento
- rotación
- rendimiento
- rentabilidad
- apalancamiento financiero

3. Los datos ideales de cada sector serán las características comunes de las empresas con mejores resultados económicos y sin problemas financieros.

En España es difícil conocer los ratios ideales de cada sector ya que la mayoría de empresas no facilitan sus estados financieros reales. Sin embargo, últimamente se han hecho estudios que proporcionan el valor normal de algunos ratios para varios sectores.

Seguidamente, se acompaña un ejemplo del valor normal de cinco ratios para diferentes sectores:

---

8. Hay entidades que publican estudios sobre ratios de distintos sectores: Dun & Bradstreet, Asociación para el Progreso de la Dirección, CIDEM (Generalitat de Catalunya), Banco de España, etc.

	B.º / Cap. Propio	B.º / Ventas	AC / Ex. CP	Exig. / Cap. Propio	Plazo / Cobro	Rotación / stocks
SECTORES PRIMARIOS						
Agropecuaria	6 %	2 %	1	0,60	49	7,5
Minería	2 %	3 %	1,7	1,25	92	13,2
CONSTRUCCION						
Constr. Obras Públicas	11 %	0,9 %	1,6	1,88	158	32
Construcción Civil	5 %	1 %	1,4	1,83	153	5,5
ALIMENTACION						
Productos aceite	5,3 %	0,9 %	1,1	1,68	24	3,8
Productos lácteos	12,9 %	4 %	1,3	1,09	31	8,7
Fabricantes conservas	1,1 %	0,6 %	0,7	1,61	57	2,4
Dulces, Galletas	6,5 %	3,2 %	2	0,70	38	5,8
Productos alimenticios	4,2 %	2 %	2	0,76	45	6
Vinos y licores	6,5 %	3,9 %	1,4	0,44	84	3,2
Cervezas	4,8 %	3,2 %	0,7	1,05	35	7,2

FABRICANTES	B.°/Cap. Propio	B.°/Ventas	AC/Ex. CP	Exig./Cap. Propio	Plazo/Cobro	Rotación/stocks
Hilados	20 %	—	1,1	0,64	61	3,8
Tejidos	11 %	3,7 %	2,5	0,42	49	4
Géneros de punto	4,4 %	5,9 %	3	0,35	54	4,9
Confecciones en General	5,6 %	2,4 %	3,2	0,33	53	4,9
Muebles	3,5 %	2,5 %	1,9	1,80	98	4,3
Papel	9,9 %	2,1 %	1,6	0,85	98	5,9
Cartón	2,3 %	3,2 %	1,2	0,56	47	6,2
Artes Gráficas	8,5 %	1,2 %	2	0,45	51	5,3
Editoriales	4,2 %	4,4 %	1,9	0,85	101	4,5
Petróleo y derivados	8,6 %	0,8 %	1,1	1,40	50	5,8
Artículos de plástico	7,3 %	2,5 %	2,3	0,45	48	11
Caucho y derivados	4,3 %	3,3 %	1,5	0,70	42	6,5
Prod. Químicos agrícolas	0,5 %	1,6 %	1,4	1,49	79	7,5
Prod. Químicos domésticos	15 %	0,4 %	1,8	0,65	63	4,6
Pinturas, colas	9,4 %	3,4 %	2,1	0,93	56	7,8
Perfum., cosméti., farmacia	0,3 %	4,9 %	1,4	0,73	55	4,6
Otros productos químicos	3,5 %	0,2 %	1,9	0,96	77	5,4
Piel	5,8 %	1,8 %	2	0,81	48	3,3
Vidrio	4,1 %	5,2 %	1,9	0,57	58	4,8
Cemento	8,8 %	3,6 %	1,6	0,44	67	4,4
Materiales construcción	4,3 %	2,3 %	2	1	80	10
Calderería		4,4 %	1,9	0,60	70	4,6

Forja	2 %	1,8 %	1,4	0,70	68	4
Fabricados metálicos	14 %	5,4 %	1,9	0,94	56	4,8
Maquinaria textil	4,8 %	2,6 %	2,6	0,66	187	2,9
Maquinaria envase	12 %	5,4 %	2,5	0,71	58	3,3
Maquinaria alimentación	13 %	5 %	1,9	0,97	59	3,6
Maquinaria industrial	4,8 %	2,6 %	1,7	1,37	111	2,7
Maquinaria eléctrica	3,9 %	2 %	2,3	1,23	90	3,4
Material electrónico	6,3 %	2,7 %	1,7	1,80	187	3,4
Equipos Telecomunicación	6,3 %	2,4 %	1,2	2	187	2,8
Equipos alumbrado	0,3 %	0,2 %	1,5	0,69	96	2,8
Línea blanca	—	—	1,7	1,35	68	4,8
Línea marrón	5,2 %	1,9 %	2,1	0,86	74	5,3
Automoción	—	—	1,2	1,94	77	4
Accesorios Automóvil	4 %	1,4 %	1,9	0,70	56	4,3
Transporte	1,7 %	0,6 %	1,7	1,15	101	2,7
Material Fotográfico	14,4 %	4,7 %	1,8	0,78	92	3,9
Astilleros	—	—	1,1	6,86	231	0,9
MAYORISTAS						
Alimentación	4,3 %	0,5 %	1,1	2,14	25	7,7
Automoción	32 %	2,2 %	1,5	1,16	51	5
Equipos oficina	18 %	7 %	1,7	1,43	115	4,8
Hierros y aceros	7,4 %	1,6 %	1,8	1,18	57	1,8
Maquinaria Industrial	15 %	3,5 %	3	0,76	94	4,7
Materiales construcción	8 %	2,3 %	2,5	0,72	34	6
Mat. eléctrico y electrónico	16 %	2,1 %	1,6	1,08	64	4,8

	$\dfrac{B.°}{Cap.\ Propio}$	$\dfrac{B.°}{Ventas}$	$\dfrac{AC}{Ex.\ CP}$	$\dfrac{Exig.}{Cap.\ Propio}$	$\dfrac{Plazo}{Cobro}$	$\dfrac{Rotación}{Stocks}$
Prod. quím. y farmacéut.	7,5 %	1,2 %	1,7	1,48	41	10,8
Suministros Industriales	11 %	5,8 %	3	0,36	78	4,5
Otros Mayoristas	22 %	4,5 %	2	1,17	69	4,7
DETALLISTAS						
Grandes almacenes	3,7 %	1 %	0,8	1,19	26	4,8
Alimentación	3,3 %	0,9 %	1,5	1,22	38	5,2
SERVICIOS						
Gas y electricidad	3,5 %	6 %	2,2	0,87	75	13
Transportes marítimos	0,2 %	0,2 %	3	1,36	90	15
Instalaciones comerciales	12,5 %	2,3 %	1,5	1,33	120	48
Instalaciones industriales	8,3 %	2 %	1,5	1,59	128	7,8

Fuente: DUN & BRADSTREET, S.L. (1982)

Los ratios anteriores no son los ideales que ha de tener toda empresa que opera en el sector respectivo. La interpretación de estos ratios normales ha de ser la siguiente:

1. Al analizar una empresa se han de calcular los ratios de los que se conoce su valor normal en el sector.

2. Si alguno de los ratios de la empresa difiere sensiblemente del valor normal del sector se han de investigar las causas de las diferencias. Cuando las diferencias son negativas, pueden apuntar problemas que padece la empresa.

8.3. Análisis con los ratios ideales del sector

Cuando se dispone de los ratios ideales de un sector concreto, se han de comparar éstos con los de la empresa a analizar.

Supóngase una empresa que tiene los ratios siguientes:

Ratio	Valor del ratio para la empresa a analizar	Valor ideal del ratio en el sector
$\dfrac{\text{Activo Circulante}}{\text{Exigible a corto}}$	1,2	1,9
$\dfrac{\text{Realizable + Disponible}}{\text{Exigible a corto}}$	0,3	0,7
$\dfrac{\text{Exigible Total}}{\text{Capitales Propios}}$	1,9	1
Rotación de Stocks	6	6
Plazo de cobro	42 días	35 días
$\dfrac{\text{Beneficio Neto}}{\text{Ventas}}$	0,01	0,09
$\dfrac{\text{Gastos Personal}}{\text{Ventas}}$	0,26	0,21

A partir de los ratios anteriores se puede concluir que:

— La empresa está atravesando una delicada situación de liquidez ya que los dos primeros ratios son menores a los ideales del sector.

— La empresa está muy endeudada como lo demuestra el tercer ratio.

— La rotación de stocks es correcta pero los clientes pagan más tarde de lo normal en el sector.

— Desde el punto de vista económico, los resultados obtenidos son bastante menores a los ideales del sector y ello está causado por los excesivos gastos de personal.

Si se conociese el valor de los ratios de todas las empresas de un sector, se podría estudiar la situación de una empresa en comparación a todas sus competidoras. Hay sectores como la banca, seguros, grandes almacenes, etc... en que se pueden obtener estos datos.

Supóngase un sector en el que se ha calculado el ratio de rendimiento para sus empresas y se obtienen los siguientes resultados:

Rendimiento $\dfrac{(BAII)}{(Activo)}$	% de empresas que tienen un rendimiento inferior
—20 %	2,7 %
—16 %	4,1 %
—12 %	5,4 %
—8 %	8,1 %
—4 %	16,2 %
0 %	27 %
4 %	48,6 %
8 %	64,9 %
12 %	75,7 %
16 %	86,5 %
20 %	100 %

Si una empresa de este sector tiene un rendimiento de —4 % se puede decir que:

— Sólo el 16,2 % de sus competidores tiene un rendimiento inferior.

— El 83,8 % de sus competidores tiene un rendimiento superior.

— En conclusión, la empresa analizada tiene un rendimiento muy bajo que requerirá medidas urgentes para mejorarlo.

9
Análisis financiero integral

En los capítulos anteriores, se ha ido estudiando de forma separada cada una de las técnicas a utilizar en el Análisis económico-financiero. Cuando se ha de hacer un estudio completo de los estados financieros de una empresa se pueden utilizar todas las técnicas estudiadas hasta aquí:

1.º Análisis del Balance: Porcentajes, gráficos, Estado de Origen y Aplicación de fondos, ratios.
2.º Análisis de la Cuenta de Explotación: Porcentajes, gráficos, ratios, evolución de las ventas, punto de equilibrio.
3.º Análisis de la rentabilidad: Rendimiento, descomposición de la rentabilidad, autofinanciación, apalancamiento financiero.
4.º Análisis de las necesidades de Fondo de Maniobra: Fondo de Maniobra aparente, Ciclo de Maduración, Fondo de Maniobra necesario.

De hacerlo así posiblemente habrá muchos pasos que se repetirán ya que en el fondo las técnicas estudiadas ven los mismos problemas pero desde diferentes perspectivas.

Para simplificar el trabajo, se pueden utilizar herramientas integradoras como son la Pirámide de ratios y el Cuadro de Mando.

9.1. Pirámide de ratios

La Pirámide de ratios es semejante a la descomposición

de la rentabilidad pero más completa. Consiste en tomar el ratio que se considere más importante, normalmente es el de rentabilidad, y descomponerlo en el máximo número de ratios de interés.

Una pirámide sencilla puede ser la siguiente:

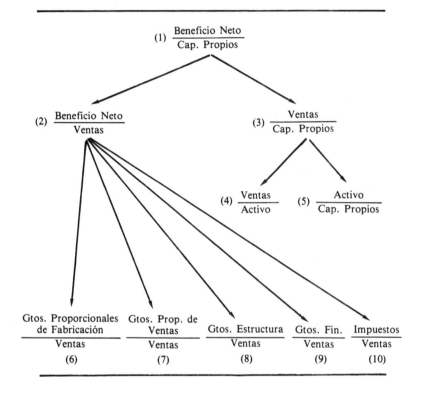

Con los 10 ratios anteriores se puede analizar la evolución de la rentabilidad (1) a través del margen (2) y de la rotación de los Capitales Propios (3). Profundizando más, se puede estudiar la rotación del activo (4), el apalancamiento (5) y la estructura de gastos de la Cuenta de Explotación (del 6 al 10).

Con la pirámide se puede hacer un diagnóstico global y sin necesidad de cálculos excesivos.

Seguidamente, se estudia una pirámide más completa (con 44 ratios) y que por sí sola podría comprender un análisis financiero integral.

PIRAMIDE DE RATIOS:

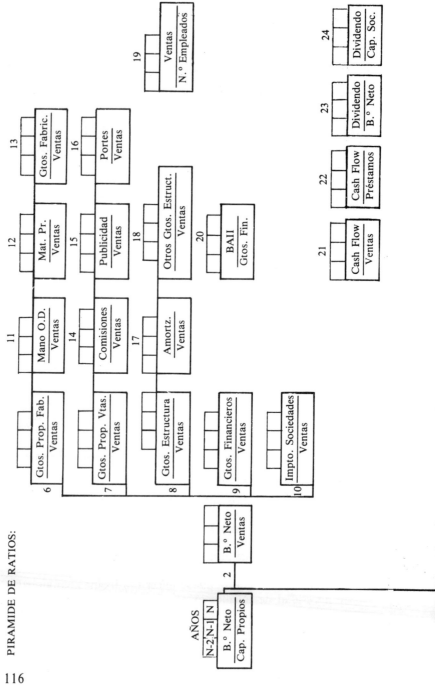

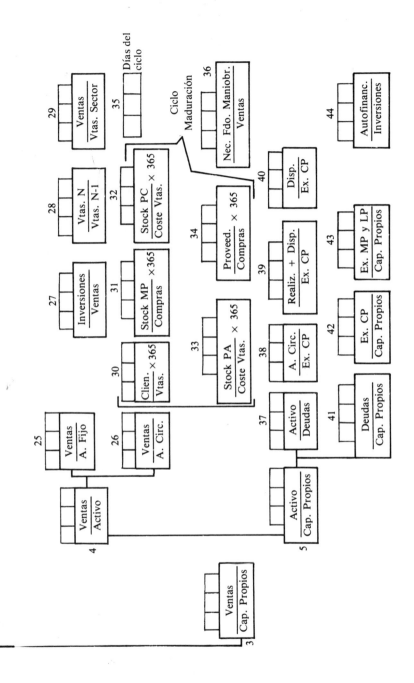

Las casillas que hay en la parte superior de cada ratio son para anotar los valores de los tres últimos años.

En el primer ratio hay otras tres casillas para anotar los tres años que se analizan.

Con dicha pirámide se pueden analizar los aspectos siguientes:

MARGEN: Con el ratio n.º 2.

GASTOS PROPORCIONALES DE FABRICACION: Con el ratio n.º 6 y con la descomposición de este en los ratios 11 al 13.

GASTOS PROPORCIONALES DE VENTAS: Con el ratio n.º 7 y su descomposición en los ratios 17 y 18. Además, el ratio n.º 19 puede ampliar dicho análisis.

GASTOS FINANCIEROS: Con el ratio n.º 9 y el n.º 20.

EFECTO FISCAL: Con el ratio n.º 10.

FLUJO DE CAJA Y AUTOFINANCIACION: Con los ratios 21 al 24 y el n.º 44.

ROTACION DE ACTIVO FIJO: Con el ratio n.º 25.

POLITICA DE INVERSIONES: Con el ratio n.º 27.

EXPANSION DE VENTAS Y COMPETENCIA: Con los ratios n.º 28 y 29.

ROTACION DEL ACTIVO CIRCULANTE: Con el ratio n.º 26.

CICLO DE MADURACION: Con los ratios del 30 al 35.

NECESIDADES DE FONDO DE MANIOBRA: Con el ratio 36.

APALANCAMIENTO: Con el ratio n.º 5.

ENDEUDAMIENTO: Con los ratios n.º 37, 41, 42, 43, 44.

LIQUIDEZ: Con los ratios del 38 al 40.

Por lo tanto, con la confección y análisis de una Pirámide de ratios se puede hacer un completo análisis financiero.

9.2. Cuadro de mando del Area económico-financiera

El cuadro de mando (Tableau de Bord, en francés) es un documento en el que se reflejan los datos más importantes que precisa la Dirección para su información y control.

Para confeccionar un cuadro de mando se han de seguir, como mínimo las etapas siguientes:

1.º *¿Cuáles son los objetivos del cuadro de mando?*

El primer paso es conocer para qué se quiere el cuadro de mando. No es lo mismo un cuadro de mando para controlar la política comercial de una empresa que para controlar la situación financiera.

2.º *¿Qué información se precisa?*

Seguidamente, se ha de proceder a elaborar un inventario de toda la información que se precisa para conseguir los objetivos de la primera etapa. Por ejemplo, si se quiere controlar la política comercial se precisarán datos de los aspectos siguientes:

— Expansión de ventas.
— Ventas por productos, zonas y vendedores.
— Competencia.
— Precio, costes.
— Publicidad, promoción.
— Distribución.
— Ciclo de vida del producto.
— Investigaciones de mercado.
— Servicio post-venta.

Como el cuadro de mando ha de ser lo más simplificado posible, se ha de seleccionar únicamente la información de más interés.

3.º *Confección del cuadro de mando:*

Para confeccionar el cuadro de mando, se ha de relacionar la información anterior de la forma en que sea más comprensible. Así, por ejemplo, se pueden utilizar ratios, gráficos, esquemas, datos históricos, datos previsionales, etc. Todo ello, de la forma menos compleja posible.

A continuación, se presenta un cuadro de mando para el control del Area económico-financiera:

El cuadro de mando consta de cinco partes:

1.ª parte: Balances en pesetas y en porcentajes para controlar la evolución patrimonial de la empresa en términos absolutos y relativos. En la última columna se pueden anotar los porcentajes ideales del sector si los hay.

2.ª parte: Estado de fuentes y empleos para comprobar en qué ha invertido la empresa y cómo lo ha financiado.

3.ª parte: Descomposición de la rentabilidad para analizar la rotación, margen, apalancamiento financiero y el efecto fiscal.

En la última línea se pueden anotar los ratios ideales del sector si se conocen.

4.ª parte: Una pirámide de ratios como se ha estudiado en 9.1.

5.ª parte: En esta última parte se pueden relacionar otros datos de interés.

Seguidamente se acompaña una muestra de las tres primeras partes mencionadas:

1. BALANCES EN PTAS. Y EN %:

		%		%		%	IDEAL
Activo Fijo Circulante Stocks Realizable Disponible							
Total							
Cap. Propios Exig. m. y lp. Exig. cp. Pasivo							

2. FUENTES Y EMPLEOS:

	Empleos	Fuentes	Empleos	Fuentes	Empleos	Fuentes
Fijo Existencias Realizable Disponible Cap. Propios Exig. m y lp. Exig. cp. Resultado						

3. DESCOMPOSICION RENTABILIDAD:

$\dfrac{\text{B.º Neto}}{\text{Cap. Propios}} = \dfrac{\text{Vtas.}}{\text{Activo}} \times \dfrac{\text{BAII}}{\text{Vtas.}} \times \dfrac{\text{BAI}}{\text{BAII}} \times \dfrac{\text{Activo}}{\text{Cap. Propios}} \times \dfrac{\text{B.º Neto}}{\text{BAI}}$
AÑO N-2
AÑO N-1
AÑO N
IDEAL

9.3. Confección del informe de análisis económico-financiero

Una vez se concluye el análisis económico-financiero, en la mayoría de los casos, se ha de confeccionar un Informe.

El Informe puede ser elaborado de muchas formas, pero se han de tener en cuenta las consideraciones siguientes:

— Normalmente, la persona que lo ha de leer no tiene mucho tiempo.

— A menudo, el posible lector no tiene conocimientos profundos de análisis financiero y en algunas ocasiones se tiene recelo a los números.

En vista a lo anterior se ha de procurar que el Informe reúna las condiciones siguientes:

— SENCILLO: No ha de decir más de lo necesario.

— CLARO: Ha de ser comprensible para el lector.

— COMPLETO: Ha de reflejar las conclusiones relevantes con su demostración.

— ESTRUCTURADO: La estructura del Informe ha de ser lógica y coherente.

Una posible estructura de Informe es la siguiente:

1.º Objetivos del Informe: Explicar qué se persigue con la emisión del Informe y con el Análisis elaborado.

2.º Diagnóstico: Resumen de todos los problemas detectados con su demostración y las consecuencias que pueden ocasionar.

3.º Recomendaciones: Medidas que se proponen para solucionar los problemas mencionados en el diagnóstico con la demostración de la conveniencia de dichas recomendaciones.

Anexo n.º 1: Cálculos efectuados. Detalle ordenado de todos los cálculos efectuados.

Anexo n.º 2: Información utilizada: Relación de toda la información utilizada en el análisis.

Bibliografía

- Altman, E. "Financial ratios, discriminant analysis and the prediction of corporate bankrupty", Journal of Finance, Vol. 23, N.º 7, 1968.
- Altman, E. y otros. "Validité de la mèthode des ratios". CESA. Cahiers de Recherche, n.º 16, Jouy en Josas. París, 1974.
- Alvarez López, José. Analisis de Balances. Editorial Donostiarra, San Sebastián, 1972.
- Amat, Joan M.ª. "Analisi economic-financer d'una empresa". CEAM, n.º 165, Marzo-Abril, 1981.
- Amat, Oriol. «Contabilidad y finanzas para no financieros», Ediciones Deusto, Bilbao, 1990.
- Amat, Oriol y otros. «Comprender el Nuevo Plan General de Contabilidad», Ediciones Gestión 2000, Barcelona, 1990.
- Asociación para el progreso de la dirección. Examen económico-financiero de la empresa española. Madrid, 1981.
- Banco de España, «Análisis económico financiero», Madrid, varios años.
- Ballestà, Gerard y Monfort, Enric. «Contabilidad General: una visión práctica», Ediciones Gestión 2000, EADA GESTION, Barcelona, 1990.
- Beaver. "Financial ratios as predictors of Failure". Journal of Accounting Research. Vol. 5, 1967.
- Dell Olio, Girolamo. Bilancio di esercizio e IV Directiva CEE. Ipsoa Informática 1982.
- Dun & Bradstreet, S.L. Ratios de Gestión, 1982.
- Dun & Bradstreet, Inc. The failure record. New York, 1973.
- Generalitat de Catalunya, Dep. d'Industria i Energia. Estudi-autodiagnostic sobre productivitat a l'empresa catalana, 1984.
- Gonzalez Zapatero, Jesús M.ª. El Cash Flow nuevo instrumento de control. Madrid, APD 1971.
- Johnson, R.W. Financial Management. Allyn and Bacon Inc. Boston, 1981.
- Jordano, Juan. Ratios, financiación y fondo de maniobra. Ed. Deusto. Bilbao, 1982.
- Lauzel, P., Gibert, A. Des ratios au Tableau de Bord. Editions de l'entreprise Moderne. París, 1959.
- Montebello, M. "Qué estructura hay detrás del milagro asiático". Revista IDEA. Buenos Aires, Abril, 1982.

- O.I.T. Cómo interpretar un balance. Oficina Internacional del Trabajo. Ginebra, 1968.
- Peyrard, J. Analyse financière. Vuibert Gestion. Paris, 1983.
- Weston, J.F. and E.F. Brigham. Essentials of Managerial Finance. The Dyrden Press, 1979.

Indice

1. **Introducción** 5
   1.1. Los problemas de las empresas y sus causas 5
   1.2. Análisis y diagnóstico empresarial 6
   1.3. Datos complementarios al análisis económico-financiero 8
2. **Estados financieros** 10
   2.1. Balance de Situación 10
      2.1.1. Concepto 10
      2.1.2. Ordenación del Balance de Situación 11
      2.1.3. Normas de valoración 17
   2.2. La Cuenta de Pérdidas y Ganancias 19
      2.2.1. Tipos de cuentas de Pérdidas y Ganancias 19
      2.2.2. Ordenación de la Cuenta de Pérdidas y Ganancias para el análisis 24
   2.3. Presupuesto de Tesorería 25
      2.3.1. Concepto 25
      2.3.2. Flujo de Caja (Cash Flow) 27
3. **Análisis del Balance de Situación (I): Introducción** 29
   3.1. Objetivos del análisis del Balance de Situación 29
   3.2. Aspectos previos 30
   3.3. Cálculo de porcentajes 31
   3.4. Gráfico del Balance 33

	3.5. Evolución de los Balances en el tiempo	34
	3.6. Estructura del Balance ideal	36
	3.7. Estado de Origen y Aplicación de Fondos	38
4.	**Análisis del Balance de Situación (II): Los ratios**	41
	4.1. Concepto y uso de los ratios	41
	4.2. Principales ratios para analizar Balances ..	42
	4.2.1. Ratios de liquidez	42
	4.2.2. Ratios de endeudamiento	44
	4.2.3. Ratios de rotación de activos	46
	4.2.4. Plazos de pago y cobro	48
	Apéndice. El poder predictivo de los ratios	49
5.	**Análisis de la Cuenta de Explotación**	51
	5.1. Objetivos del Análisis de la Cuenta de Explotación	51
	5.2. Cálculo de porcentajes y gráficos	51
	5.3. El análisis de las ventas a través del T.A.M.	57
	5.4. Análisis de las ventas con ratios	59
	5.5. Análisis del margen por productos	62
	5.6. Cálculo del umbral de rentabilidad	63
6.	**Rentabilidad, autofinanciación y crecimiento** ...	68
	6.1. Estudio de la rentabilidad	69
	6.1.1. Rentabilidad económica o rendimiento	69
	6.1.2. Rentabilidad financiera	71
	6.1.3. Descomposición de la rentabilidad	71
	6.2. Apalancamiento financiero	74
	6.3. Autofinanciación	80
	6.4. Tipología del crecimiento empresarial	82
7.	**Análisis del Fondo de Maniobra**	85
	7.1. Concepto e importancia de Fondo de Maniobra	85
	7.2. Las necesidades de Fondo de Maniobra ...	89
	7.2.1. Ciclo de Maduración y Ciclo de Caja	89
	7.2.2. Cálculo de los ratios de plazos	92
	7.2.3. Cálculo del Fondo de Maniobra necesario	94
	7.3. Relación entre Fondo de Maniobra aparente y necesario	97
	7.4. Relación entre el Fondo de Maniobra y el Estado de Origen y Aplicación de Fondos	99

8. **Análisis con datos sectoriales** 103
   8.1. La influencia del sector económico en los estados financieros de la empresa 103
   8.2. Obtención de datos ideales del sector 106
   8.3. Análisis con los datos ideales del sector ... 111
9. **Análisis financiero integral** 114
   9.1. Pirámide de ratios 114
   9.2. Cuadro de mando del Area económico-financiera 119
   9.3. Confección del informe de análisis económico-financiero 121

Bibliografía 123

Otros títulos publicados por Ediciones Gestión 2000, S.A.

del mismo autor:

Manual práctico de Consolidación de balances, 286 págs.

Análisis de Estados Financieros, 498 págs.

Casos y ejercicios solucionados de Análisis Estados Financieros, 240 pág.

Aprender a Enseñar, 160 págs.

Costes de calidad y de no calidad, 130 págs.

Aspectos Contables y Fiscales del Cierre del Ejercicio, 240 págs.

Análisis técnico bursátil, 136 págs.

Comprender el Plan General de Contabilidad, 280 págs.

Frases y anécdotas del mundo empresarial, 166 págs.

Contabilidad y finanzas de hoteles, 236 págs.,

También de interés:

Finanzas corporativas, 230 págs., Martin Sabine

Cash-Management, 190 págs., L.Blanch y otros

Gestión del riesgo de cambio, 240 págs., P. Briggs

Manual de evaluación de inversiones (incluye diskette), 120 págs., D Orpí

Confección de presupuestos de tesorería (incluye diskette), 96 págs., D.Orpí y otros

Confección de análisis de balances (incluye diskette), 96 págs., D.Orpí y otros

Estudios de viabilidad (incluye diskette), 120 págs., V. Amorós

El chequeo de la empresa, 120 págs., E. Santandreu

Planificación financiera, 180 págs., Joan Mª Amat

Gestión de Créditos, Cobros e impagados, 136 págs., E. Santandreu

Dirección Financiera, 190 págs., Luis Ferruz

Control de Gestión: Una perspectiva de dirección, 280 pág., Joan Mª Amat

------------- Solicite nuestro catálogo general -------------

ASPECTOS CONTABLES Y FISCALES DEL CIERRE DEL EJERCICIO

Autor: Oriol Amat - Enric Monfort; 3ª 1994; Formato: 16x22 cm; 200 pág.; ISBN: 8486703883

Este libro aporta la información más relevante que se precisa para poder preparar adecuadamente el cierre de cuentas del ejercicio. A lo largo de sus páginas se tratan temas como: libros obligatorios, depósito de cuentas, auditoría, consolidación, principios contables y normas de valoración, cuentas anuales... Constituye así un instrumento de consulta práctica para los profesionales de la contabilidad y el empresariado.

INDICE: Aspectos contables: Aspectos obligatorios de la contabilidad. Aspectos del Nuevo Plan General de Contabilidad que afectan al cierre de cuentas. Aspectos fiscales: Diferencias entre principios contables y principios tributarios. La contabilización del impuesto sobre sociedades según el nuevo PGC. Anexos: Cuadro de cuentas del NPGC. Tablas de Amortización (Orden del Ministerio de Economía y Hacienda). Análisis de los asientos principales.

MANUAL PRACTICO DE CONSOLIDACION DE BALANCES

Autor: Oriol Amat - Jordi Carenys; 1993; Formato: 16x22 cm; 272 pág.; ISBN: 8486703921

Una buena parte de los grupos de sociedades están obligados a consolidar sus cuentas. Tal como indica su título, este libro expone de forma práctica todas las normas y técnicas que permiten obtener las cuentas consolidadas. La explicación de los métodos de consolidación va acompañada de ejemplos resueltos para clarificar al máximo la exposición.

INDICE: Introducción. Grupos obligados a consolidar. Cuentas anuales consolidadas. Homogeneizaciones previas a la consolidación. Método de integración global. Método de integración proporcional. Procedimiento de puesta en equivalencia. Conversión de cuentas anuales en moneda extranjera. Tributación en régimen de beneficio consolidado. Anexo: Ejemplo de cuentas anuales consolidadas. Bibliografía.

ABC DE LA CONTABILIDAD Y FINANZAS

Autor: J. M. Mateu - D. Belenguer - M. J. Cerezuela; 1994; Formato: 16x22 cm; 204 pág.; ISBN: 8480880333

Uno de los factores de éxito de cualquier proyecto empresarial estriba en la correcta administración. Para ello, es imprescindible conocer las bases de la contabilidad y las finanzas. Este libro no pretende convertir al lector en un experto contable o en un genio de las finanzas. Lo que sí persigue es dotar a los emprendedores de los instrumentos y conceptos más relevantes para administrar adecuadamente sus empresas.

INDICE: Introducción. La información en la empresa. Procedimientos de contabilización. Operaciones más complejas y principios de contabilidad. Estados contables. Composición del balance. Plan de cuentas. Periodificación. Amortización y existencias. Cierre contable. Cuentas anuales. Análisis económico. Análisis patrimonial y financiero. Previsión de estados contables. Fuentes de financiación. Supuestos prácticos.

GESTION DEL CIRCULANTE

Autor: Eliseo Santandreu; 1993; Formato: 16x22 cm; 136 pág.; ISBN: 848088021X

La gestión financiera de la empresa debe ser tratada desde varias perspectivas que, de hecho, convergen en un objetivo: rentabilizar la inversión en un objetivo común: rentabilizar la inversión, retribuir al accionista e incrementar el valor de la empresa. Una de estas perspectivas se relaciona íntimamente con las funciones de comprar, vender, cobrar y pagar. Este libro analiza el binomio inversión-financiación. Por otro lado, también se estudian las fuentes de financiación para las inversiones referidas, desde el crédito espontaneo hasta los créditos de cobertura a corto plazo.

INDICE: Introducción y conceptos. Financiación del circulante. Gestión de stocks. Gestión del crédito. Gestión de tesorería. Integración y conclusiones.

CONTROL PRESUPUESTARIO

Autor: Joan Mª Amat; 3ª 1992; Formato: 16x22 cm; 176 pág.; ISBN: 8486582067

En este libro se presentan, con casos prácticos, los diferentes procedimientos y técnicas para la elaboración del proceso presupuestario, así como para la realización del análisis de desviaciones. Tiene una orientación claramente práctica.

INDICE: La importancia del control económico financiero de la gestión empresarial. El proceso de planificación. El proceso de elaboración del presupuesto: La empresa de servicios, la empresa comercial y la empresa industrial. El cálculo de las desviaciones presupuestarias: El caso de la empresa de servicios, la empresa comercial y la empresa industrial. Bibliografía.

CONTABILIDAD Y FINANZAS DE HOTELES

Autor: Oriol Amat; 1992; Formato: 16x22 cm; 175 pág.; ISBN: 8486703840

COLECCION EADA GESTION

En este libro se exponen los conceptos y temas claves de la contabilidad y las finanzas de los hoteles: Cuentas anuales y Cálculo de costes de los servicios prestados. Técnicas para la obtención de datos: análisis de balances, control presupuestario, planificación financiera y planes de viabilidad. Decisiones financieras: evaluación de inversiones y financiación. Todos los temas van acompañados de ejemplos para clarificar al máximo la exposición. Con ello se pretende aportar elementos y técnicas de análisis que permitan optimizar las decisiones financieras a los directivos del sector.

INDICE: Introducción. El resultado del hotel. El patrimonio del hotel. Cálculo de costes en empresas hoteleras. Análisis de los estados financieros del hotel. Confección y control de los presupuestos del hotel. Planificación financiera de la empresa hotelera. Evaluación de inversiones. Las decisiones de financiación en el hotel. Conclusiones.